상실
끌어안기

À ce soir
by Laure Adler

ⓒ Editions Gallimard. Paris, 2001
Korean Translation Copyright ⓒ Maumsanchaek, 2022
All rights reserved.

This Korean edition was published
by arrangement with Editions Gallimard (Paris)
through Bestun Korea Agency Co., Seoul

이 책의 한국어판 저작권은 베스툰 코리아 에이전시를 통해
저작권자와의 독점계약으로 마음산책에 있습니다.
저작권법에 의해 한국 내에서 보호를 받는 저작물이므로
무단전제와 무단복제를 금합니다.

상실
끌어안기

잃어버린 아이를 기억하는 애도 일기

로르 아들레르

백선희 옮김

마음산책

옮긴이 **백선희**
프랑스어 전문 번역가. 덕성여자대학교 불어불문학과를 졸업하고 프랑스 그르노블 제3대학에서 문학 석사와 박사 과정을 마쳤다. 로맹 가리, 밀란 쿤데라, 아멜리 노통브 등 프랑스어로 글을 쓰는 주요 작가들의 작품을 우리말로 옮겼다. 옮긴 책으로 『폴 발레리의 문장들』『빅토르 위고와 함께하는 여름』『노르망디의 연』『이제 당신의 손을 보여줘요』『마법사들』『내 삶의 의미』『레이디 L』『흰 개』『웃음과 망각의 책』 『예상 표절』『하늘의 뿌리』『단순한 기쁨』 등이 있다.

상실 끌어안기

잃어버린 아이를 기억하는 애도 일기

1판 1쇄 인쇄 2022년 2월 25일
1판 1쇄 발행 2022년 3월 1일

지은이 | 로르 아들레르
옮긴이 | 백선희
펴낸이 | 정은숙
펴낸곳 | 마음산책

편집 | 권한라·성혜현·김수경·나한비
디자인 | 최정윤·오세라·차민지
마케팅 | 권혁준·권지원·김은비
경영지원 | 박지혜

등록 | 2000년 7월 28일(제13-653호)
주소 | (우 04043) 서울시 마포구 잔다리로 3안길 20
전화 | 대표 362-1452 편집 362-1451   팩스 | 362-1455
홈페이지 | www.maumsan.com
블로그 | blog.naver.com/maumsanchaek
트위터 | twitter.com/maumsanchaek
페이스북 | facebook.com/maumsan
인스타그램 | instagram.com/maumsanchaek
전자우편 | maum@maumsan.com

ISBN 978-89-6090-728-7 04860
ISBN 978-89-6090-729-4 04860 (세트)

* 책값은 뒤표지에 있습니다.

이 글은 내가 그 아이에게 준 생명이
내 안에서 이어지기를 바라는 희망을 담고 있다.

일러두기

1   이 책은 『À ce soir』(Editions Gallimard, 2001)를 우리말로 옮긴 것이다.
2   외국 인명, 지명, 독음 등은 외래어 표기법을 따랐다.
3   본문 밑에 적힌 주석은 모두 옮긴이 주다.
4   원서의 이탤릭, 대문자로 강조된 부분은 고딕 서체로 구분해주었다.

차례

상실 끌어안기 11

옮긴이의 말   166

이후를 산다는 건
죽음이 버린 공간 속에서 살아가는 것이다.

대기를 가르며 자유로이 하늘을 나는
가벼운 비둘기는 공기의 저항을 느끼고
차라리 공기가 없었더라면 좋았겠다고
생각할는지 모른다.

―이마누엘 칸트, 『순수이성비판』

새벽이 끝나갈 무렵의 적막. 대로를 건너면 데마스크des Masques 길이 시작된다. 월계수들이 더러운 하천을 빨아들이며 뒤엉켜 있다.

트럭은 좀체 돌지 못하고 있다. 후진하려고 애를 쓴다. 나는 멈춰 선다. 트럭이 다시 나아간다. 내 앞에는 빨간 별 마크를 단 텍사코Texaco 주유소가 있다. 그 왼쪽으로 한 남자가 씨앗과 갈대 울타리를 파는 가게를 열고 있는 게 보인다. 종종걸음으로 걷고 있지만 아직 잠에서 덜 깬 듯하다. 더운 열기가 안개처럼 갓길에서 올라온다. 빵집도 같이 운영하는 정비소 주인은 아직 셔터를 올리지 않았다. 길에는 아무도 없다. 내가 막 추월하려는, 거대한 잠자리 같은 트럭뿐이다.

나는 1단 기어를 넣은 뒤, 깜빡이등을 켜고 액셀 페달을 밟는다.

고함이 들린다. 보이는 건 없지만 이제 끝이라는 걸 알겠다. 모든 게 하얘진다. 속에서 피가 역류라도 하는지 아득해지고, 평소에는 그렇게 뻣뻣하던 내 몸이 털썩 무너져 내린다. 낯선 감미로움이 나를 감싼다. 이어서 달콤한 자포자기의 감정이 엄습해온다.

내가 응낙하고 있다는 걸 안다. 나는 모든 걸 놓아버린다. 그토록 자주 생각했던 그 일이 바로 이 순간, 막 떠오르는 아침 햇살과 더불어 일어난다는 사실이 그저 놀라울 뿐이다.

남자는 갓길에 차를 세웠다. 나는 사거리 한가운데에서 여전히 꼼짝하지 않고 있다. 몸이 굳었다. 남자가 내게 다가온다. 바둑판무늬 상의에 가죽 장화, 청바지 차림이다. 그는 문을 열려고 애쓰며 소리친다. 그의 얼굴은 증오심으로 일그러져 있다. 나는 자동잠금장치를 작동시키려고 아무 단추나 마구 눌러댄다.

달칵, 소리가 들린다. 나는 살았다. 남자가 있는 대로 고함을 질러댄다. 목이 잠길 정도로 외친다. 기계적으로 반복하는 몸짓을 보니 아무래도 내 목을 조르려는 모양이다.

나는 여전히 운전대를 쥔 채 움직이지 않는다. 내 눈앞에서 깜박이는 신호등만 뚫어지게 바라본다.

남자가 작전을 바꾼다. 자동차 보닛 위로 올라가 구두창으로 차창을 찬다. 징이 박힌 밑창이 내 이마 높이에 또렷이 보인다.

　내가 겁을 먹은 건지조차 모르겠다. 남자가 곧 목적한 바를 달성하고 예고대로 나를 결딴내고 말겠다는 생각이 든다. 몸 안에서 피가 멈춘 것만 같다. 잠시 후 남자는 내 앞에 무릎을 꿇더니 울부짖다시피 거듭 외친다. "둘 다 죽을 뻔했잖아요……"

　남자는 죽을 뻔했다는 사실을 새삼 깨닫고 화가 누그러진 걸까. 내게서 달아나려는 듯 뒤도 돌아보지 않고 떠났다. 빨간불을 그냥 지나쳤다.

　다시 시동을 걸었다. 갈림길에서 수탉 우는 소리가 들렸다. 바람은 잦아들었다. 나는 아무 일도 없었다는 듯 일을 하러 시내로 향했다. 이날 하루는 생각보다 잘 흘러갔다. 나는 나의 역할을 잘 해냈다. 어쨌거나 사람들이 내게 기대하는 역할 말이다. 이날 하루를 산 것이 내가 아니라 나의 분신이었다 해도 어쩔 수 없다. 찢어진 상처를 돌이킬 수 없다는 걸 나는 오래전부터 알고 있었다.

　이 사고 미수 건이 온종일 내 머리를 떠나지 않았다. 미수에 그쳤기에 더 사실처럼 느껴지는 듯했다. 박힌 유리 파편을 뽑아내고 흐르는 피를 멈추게 하려는 것처럼 얼굴을 매만지고 있는 나 자신을 발견하고 여러 번 흠칫 놀랐다.

밤이 되어 나는 집으로 돌아왔다. 아무 말도 하지 않았다. 실제로 일어나지 않은 일을 말해 뭐 하겠나?

목욕을 하려고 시계를 풀었다. 사랑하는 남자가 준 시계인데, 문자판에는 반원 모양으로 오늘 저녁에 만나À ce soir*라는 문장이 새겨져 있다. 시계에는 뿌옇게 습기가 차 있었다. 두려움은 유독한 분비물을 뿜어낸다고 하지 않던가. 오늘 저녁에 만나는 지워진 것 같았다. 날짜는 또렷이 보였다.

7월 13일. 레미가 죽고 17년이 흘렀다.

이어질 글은 이 자동차 사고 직후에 쓴 것이다. 한밤중에 불쑥 솟아난 글이다.

---

* 뒤에서도 여러 번 반복되어 나오는 이 문장은 원서의 제목이기도 하다.

"행복한 사람에게는 이야깃거리가
없다고들 한다. 정말 그렇다."

나는 버릇처럼 뛴다. 지각하기 때문에 항상 뛴다. 언제 어디서든. 이 가벼운 지각, 이 항구적인 오차, 이 편차가 주는 느낌이 그리 싫지 않다. 오히려 그 반대다. 나는 절대로 제시간에 도착하지 않으려고 애쓰기까지 한다. 이건 보기보다 힘든, 진정한 스포츠다. 나는 청소년기 때부터 뛰었다. 정확히 말하자면, 절친한 친구와 헤어지기가 힘들어 늘 숨을 헐떡이며 집으로 돌아오곤 하던 때부터다. 도착하면 모든 일이 이미 시작된 뒤였다. 인사, 대화, 식사. 꼭 모든 게 이미 끝난 것만 같았다. 나는 바깥에 머물렀다. 아주 어릴 적부터 모든 게 이미 결정된 듯한 느낌이 들었다. 그리고 그걸 받아들였다. 아니, 바라기까지 했다. 언제나 모든 일이 끝난 뒤에 나타났으니까. 나는 지각을 기교로 활용하는 법까지 터득했다.

나는 버스에서 뛰어내려 이중으로 된 유리문을 넘어선다. 늦었으니 좀 그냥 들어가게 해주세요. 아뇨, 출입증 없는데요. 출입증이라곤 가져본 적 없어요. 그렇지만 여기서 일한 지 12년이나 됐어요. 저 아시잖아요……. 엘리베이터가 도착한다. 나는 궁지에서 빠져나온다.

그가 문 앞에서 나를 기다리고 있다. 내가 지나갈지 모를 세 개의 문마다 누군가가 지키고 서 있었다는 사실은 한참이 지나서야 알게 되었다. 그의 넋 나간 눈길을, 화장실 앞에 서서 내가 여기 있을 때가 아니니 당장 가봐야 한다고, 사태가 심각하다고, 매우 심각하다고 말하는 그의 모습을 오래도록 기억할 것이다.

나는 그가 하는 말을 하나도 알아듣지 못한다. 그와는 오래전부터 아는 사이다. 그는 무언가를 이야기하기 위해 말을 하는 사람이 아니다. 가느다란 실마리를 던지고는 대답을 기대하지 않는다. 그는 저속한 농담이 오가는 자리에서 종종 기막힌 경구를 내뱉기로 이름나 있다. 그러니 나로선 그가 표현하려는 것에 주의를 기울이지 않을 이유가 충분하다.

나는 계속 사무실을 향해 나아간다. 같이 가면서 얘기해요. 나는 그에게 같이 가자고 말한다. 그러자 그가 내 걸음을 멈춰 세우고는, 거칠게 팔을 붙들고 내 눈을 똑바로 바라보며 말한다. 당신 아들이 아파, 심각하게. 당장 집으로 가보라고.

새하얀 우유, 자갈 구르는 소리, 할머니 집에서 듣던 밤 기차의 울음소리⋯⋯. 나는 아무 생각도 하지 않는다. 난 아무것도 아니다. 알고 싶지도 않다. 나는 굴러떨어지는 돌이며, 방금 잘린 나무고, 트랙터에 내맡겨진 황무지다⋯⋯. 나는 더는 아무것도 아니다. 그런데도 '나'는 남아 있다. 흐릿하고 소란스럽고 기괴한 모습으로 떠다닌다. 이 '나'는 내가 세상의 흐름 속으로 계속 나아가도록 강요하고, 내 앞에 현실의 그물을 짠다. 그것은 여전히 내 몸을 지니고 있다. 나도 모르게 내게 호흡하라고 명령한다. 그러나 이젠 끝이다. 호흡이 변하고 있다. 그것은 지하실이 되어버린 내 몸에서 서서히 솟아오르며 고통을 안긴다. 생명의 숨결일까? 위를 향해 찢고 나오려 한다. 어떻게 빠져나올까? 나는 이제 얼굴이 없다. 형체를 알아볼 수 없는 육중하고 성가신 덩어리일 뿐이다. 마치 고통이 세포조직을 부풀린 듯 비대해지는 느낌이다.

그는 여전히 말없이 내 앞에 있다. 내게 따라오라고 명령한다. 나는 따른다. 나는 유령 같은 존재, 수동적인 개체, 복종하길 좋아하는 사람이 된다. 개인의 갑옷을 벗는다. 나는 운명에 복종할 테다. 반항이 존재한다는 생각 자체를 지워버릴 것이다.

그는 법규를 무시하고 사거리를 건너게 한다. 그가 운전자에게 소리친다. 빨리 출발하세요. 나를 혼자 남겨둔 채 그가 차 문을 닫는다.

푸른 눈. 아이와 함께 보낸 푸른 밤. 침대의 푸른 시트. 아이의 침대 머리맡에 놓여 있던 푸른색 오르골. 커다란 방의 푸른색 침대 덮개. 그 침대에서 아이는 아침 일찍 아빠와 엄마 사이, 베개들 틈에 눕는 걸 좋아했고, 침대에서 떨어지면 웃기도 했다. 머리카락을 잡아당기기도 하고, 입속에 손가락을 넣기도 했다.

아이는 침을 흘렸다. 엄마도 기쁨의 침을 흘렸다. 엄마는 침을 머금고 아이의 목 가까이 다가갔고, 입술을 부드러운 크림 같은 목에 대곤 했다. 귀 바로 아래, 혈관이 비치는 바로 그곳에. 엄마는 난잡한 소리를 내며 아이 몸의 내밀한 곳, 등이 시작되는 지점에 입술을 대고 지그시 눌렀다. 그러면 아이는 웃으며 머리를 빠르게, 점점 더 빠르게 흔들어 엄마에게 또 하라는 명령을 내렸고, 절대 멈추지 말기를 바랐다. 이 놀이엔 쪽쪽 소리가 뒤따랐다. 엄마가 낸 그 소리는 의식 儀式을 끝내는 역할을 했다. 하지만 아이는 뒤에 이어질 일을 알기에 가만히 눈을 감았다. 엄마의 입술은 아이의 가슴께로 내려갔다. 세상에, 핏줄들이 왜 이렇게 비칠까? 엄마는 아들의 몸이 투명하게 들여다보이는 것을, 하얀 배에 분홍빛으로 살짝 줄무늬가 난 것을 보고 걱정하며 그렇게 중얼거리곤 했다. 그러다가도 금세 바보 같은 생각을 한다며 자신을 탓했고, 그런 생각은 잠시 스쳤다가 사라졌다. 그녀는 다시 애무를 시작했고, 둘은 얼싸안은 채 열기와 종알거림과 뒤섞이는 침에 취했다.

아이는 그녀의 몸 밖에 있으나 너무도 가까이 있어서 마치 아직도 그녀의 몸 안에 있는 것만 같았다. 하지만 분명히 그녀 바깥에 있었다. 왜냐하면 아이는 이제 그녀 곁에 있었으니까. 아이는 아직 어린이는 아니지만 더 이상 아기가 아니었다.

키도 크고 튼튼하게 자랄 겁니다. 보세요, 꼭 운동선수처럼 늠름하지 않습니까. 문제의 그날 바로 전날 저녁에 건강수첩에 적힌 대로 정기검진을 받으러 들렀을 때 소아과 의사가 한 말이다. 참기 힘들어진 아이는 차가운 청진기가 가슴에 닿자 울기 시작했고, 삐걱거리는 플라스틱 위에 누워 있으려 하지 않았다. 의사는 진찰을 빨리 끝내달라는 아이 엄마의 부탁도 못 들은 척, 개의치 않고 진찰을 계속했다. 아이의 엄마가 용기 내어 다시 끼어들자 의사는 그리 상냥하지 않은 말투로 대꾸했다. 진찰은 중요한 겁니다, 꼼꼼히 해야지요. 엄마는 아들을 기계처럼 사방으로 돌려대는 걸 보고 있자니 진저리가 났다. 의사는 귓속을 들여다보고, 무릎반사 검사를 위해 무릎을 거듭 쳐서 다리가 잘 올라오는지도 보고, 입안까지 들여다본다. 끔찍하게도 입을 억지로 열어 기구를 집어넣고 그 기구로 목구멍을 비춰 본다. 아이는 들것 위에서 발길질을 한다. 삶에 대해 아무것도 알지 못하는 녀석은 의사에게 마구 발길질을 해대며 자기를 방어한다. 의사가 너무 지나치다고 생각하는 엄마는 잘했어, 아가야, 잘했어, 하고 은밀하게 혼잣말을 한다. 대기실에서는 빽빽거리고 우는 소리가 들린다. 다음 사람은 언제 보나요? 곧 끝납니다, 어머니. 혈압, 키, 참, 걸음마를 잊을 뻔했군요. 그는 아이를 손가락 끝으로 잡고 세운다. 그러자 약간 진정이 된 아이는 거의 웃을 듯한 표정으로 성큼 걸음을 내딛는다.

금방 걷겠는걸요, 어머니. 빠른 편이네요. 그가 되풀이해서 말한다. 키도 크고 튼튼하게 자랄 겁니다. 이 말을 어찌 잊을까?

그는 마침내 서류를 발급해주며, 건강 수첩의 한 면을 채우더니 잘라서 아이 엄마에게 내민다. "모든 게 정상입니다. 이 서류를 잊지 말고 의료보험 공단에 보내세요."

바깥은 어둑해져 있다. 나는 아이를 유모차에 태운다. 병원 문이 닫힌 뒤로 아이는 웃는 얼굴이다. 기분도 홀가분하고 날씨도 좋다.

걸음을 조금 재촉한다. 아이는 뭐든지 움직이면 좋아한다. 불빛, 행인들의 얼굴, 요란한 소음을 내는 자동차들. 비가 한바탕 퍼부을 듯한 저녁 무렵에 우리 둘은, 살짝 달짝지근하면서도 쿰쿰한 냄새가 감도는 대기 속으로 그렇게 떠났다.

이것은 이야기가 아니다. 세상과 화해하려는 시도일 뿐이다. 나 자신과의 거리 좁히기가 말로써 가능할까? 빈약한 말들. 글로 쓰이는 말들, 내뱉어지는 말들, 들리는 말들, 훔친 말들, 당신 모르게 떠도는 말들, 당신을 향하지 않는 말들, 그 말들 속에 파묻히는 일만이 나를 살아 있게 한다.

이 막중한 중압감, 이 지독한 우매함, 불행이 가져다주는 이 가벼움. 우리가 원하든 원하지 않든 우리를 세상의 각축장 밖으로, 사람들의 손길이 닿지 않는 안전한 곳으로 데려가는 가벼움에 실려 나는 산소가 얼마 남지 않은 잠수부처럼, 호흡을 위한 아무 준비도 없이, 내려간다. 아니 밤 깊이 빠져든다.

예전에 그들(의료진, 그 집단 말이다)은 내게 말했다. 병원에서, 연구소에서, 그리고 개인 진찰실들에서 내게 이렇게 말한 사람은 많았다. 내가 목숨은 건졌으나 더는 아이를 갖지 못할 것이라고. 그 소식은 그리 큰 충격을 안기지 않았다. 이미 나는 아들 하나와 양아들 하나를 두었으니까. 내가 선택한 건 아니었지만 나는 아주 젊은 나이에 엄마가 되었다. 게다가 내가 사랑한 남자에게 아들이 하나 있었기에 이중으로 엄마가 되었다. 그래서 한 번에 두 아들이 크는 걸 지켜볼 행운을 누릴 수 있었다.

이후 내가 새로운 삶을 함께 시작한 남자에게는 아이가 둘 있었다. 우리는 주말과 여름휴가를 같이 보냈다. 우리는 하나의 공동체를 이루었다. 아이들은 우리와 함께, 우리 가운데 있었다. 그 남자를 사랑했고 삶을 함께했지만 아이를 갖겠다는 마음은 없었다. 어쩌면 우리는 함께 경험해야 할 게 너무 많아서 오히려 공유하려는 욕망은 그리 많지 않았던가 보다.

그래서 아주 뒤늦게야 아기가 생겼다는 사실을 알게 되었다. 신체 기관 일부를 상실한 내게 도전해온 이 아기는 명백한 사실을 받아들이기 힘들어하는 의사들을 비웃는 것 같았다. 초음파검사를 세 번이나 받아야 했다. 아이는 신의 깜짝선물이었다. 아이는 그렇게 짓궂은 후광을 쓰고서 우리의 삶에 불쑥 끼어들었다.

우리는 뛸 듯이 기뻐하며 그 사실을 받아들였다. 나는 다시금 젊은 여자가 된 기분이었다. 아이를 가질 수 있는 강하고 번식력 있는 여자가 된 것이다. 세상 사람들의 눈에 보이지 않고, 나 스스로도 알고는 있지만 느낄 수는 없었던, 내 속이 비었다는 사실을, 절단된 여성성을 그럭저럭 받아들였던 내가.

임신기간은 황홀했다. 나는 바다가 보고 싶었다. 우리는 종종 벨기에 국경 근처에 있는, 낡디낡은 세기말풍의 호텔을 찾았다. 호텔 주인은 금요일 밤이면 늦게까지 우리를 기다렸다가, 연기가 새어 나오는 거실 벽난로 앞에서 저녁 식사를 할 수 있도록 준비해주었다. 나는 침대 시트에 밴, 질 나쁜 나무의 냄새도 기억하고(아기를 가졌을 때는 냄새가 폐부 깊이 파고들 수 있다) 물때가 낀 커다란 비데가 두드러지던 욕실의 떨어진 벽지도 기억한다. 풀 덮인 길이 해변까지 이어져 있었다.

부푼 배를 앞으로 내민 채 불어오는 바람을 맞고 있으면 나 자신이 하나의 바위로 만들어진 것처럼 강하고 충만한 느낌이 들었다. 하나의 둥근 형체가, 검고 밀도 높은 작은 입자가 된 느낌이었다. 그 무엇도 내게 타격을 입히지 못할 것 같은 느낌, 내가 야생적으로 또 야만적으로 아이를 품고 있다는 느낌, 처음으로 원래의 나보다 강해졌다는 느낌, 시작을 약속하는 저 원심의 회오리 속에 빨려 들어가 공중에 붕 뜬 것 같은 느낌이 들었다.

6개월 즈음에는 생마르탱 운하 부근에서 긴 산책을 했다. 너무 빨리 달린 나머지 꼭 날 수 있을 것만 같았다. 그는 별안간 유쾌해진 나를 보며 기뻐하면서도, 한편으론 평온하던 아기에게 충격을 주지 않을까 걱정스레 내 손을 잡고 있었다. 궂은 날씨 때문에 내 입술에 달라붙은 머리카락을 떼어주면서 그는 거듭 말했다. 당신 때문에 아기가 못 자는 건 아닐까?

나는 행복한 물개처럼 잠을 많이 잤다. 마치 액체 속에 누워 있는 느낌이어서, 그 액체에 세심한 주의를 기울였다. 내 안에서는 모든 게 흘렀다. 피, 생명, 유동물, 체액, 욕망. 내 몸

안에서는 무언가 고동치고 펄떡이고 부딪쳤다. 나는 내 배가 움직이는 걸 몇 시간이고 지켜보며 생명의 꿈틀거림을 강렬히 느끼곤 했다. 아기를 조심스레 내려놓는 기분으로, 옆으로 누워 잠들곤 했다. 내 배에는 아주 예쁘고 부드러운 보랏빛 핏줄로 줄무늬가 그려졌다. 크고 조용하고 텅 빈 방 한가운데, 바닥에 매트리스를 깐 채 똑바로 누워 가만히 명상에 잠기기도 했다. 아기는 기지개를 켜며 발을 뻗었다가 다시 몸을 웅크리곤 했다. 배의 표면은 다시 매끄러워졌고, 그러다 이내 소란스러워졌다. 아이와 나. 아이는 어두운 제 방 안에 있었고, 나는 내 몸의 조각들을 다시 맞춰보았다. 얼굴 한가운데 있는 코의 흉터는 더 이상 신경 쓰이지 않았고, 더없이 어설프고 더없이 산만하고 더없이 노출된 채 흔들거리는 머리는 목이 꼿꼿이 지탱해주었다. 나는 마침내 그러모아져 하나가 된 느낌이었다. 내 배의 움직임을 지켜보고 있자면 어느새, 한계 지대를 탐험하며 나와 함께 놀고 있는, 그 작은 아기를 품은 요새가 된 느낌이 들었다. 밖에서 나는 안에 있는 아이와 함께 놀았다. 밖에 있든 안에 있든 우리 둘은 언제나 함께였다. 장난기 많고, 웃기 좋아하고, 건강한 둘은 이미 한 몸이었다.

여름이 끝나갈 무렵 친구가 우리 가족에게 집을 빌려주겠다고 제안했을 때 나는 기뻤다. 레퓌블리크 광장의 공원에는 꽃은 시들고 불결함과 먼지만 그득했다. 북유럽에서 온, 너무도 소란스러운 불법 거주자들이 공원을 차지하고 있었기에 그곳으로 조용히 책을 읽으러 간다는 건 더는 생각조차 할 수 없는 일이었다. 먼지 입자가 곳곳에 파고들어 맞은편 카페의 주인이 커다란 석류빛 행주로 온종일 닦아대는 맥주잔에까지 붙어 있는 것 같았다.

그곳은 주택이라기보다는, U 자로 구부러지는 길 끝에 자리한 일종의 산장이었다. 계속 올라가려면 길이 구부러질 때마다 차를 후진해야만 했다. 떨렸다. 길 한쪽에는 절벽이, 다른 쪽에는 울창하고 깊고 축축한 밤나무 숲이 있었다. 날은 흐렸다. 난방이 되지 않았고, 욕조도 소파도 없었다. 하지만 오리목 널판자로 된 큰 침대와 창문 하나가 있었고, 창문으로는 들쭉날쭉한 톱니 모양의 산 풍광이 보였다. 차갑고 축축한 공기와 단조로운 잿빛의 풍경 탓에 적막이 도드라졌다. 울적한 기분이 들었다.

다행히 『프랭키 애덤스Frankie Addams』*를 만났다. 나는 쾌활해졌고, 모든 걸 다시 시작할 준비가 되었고, 기뻤다. 아기도 기뻐하는 듯했다. 책은 언제나 힘을 주었고, 다시 기운을 차리게 해주었다. 책이 많지는 않았다. 『프랭키 애덤스』 덕에 나는 침대에서 빠져나왔다. 남편과 나는 숲을 탐험하러 나섰다. 길이 갈라지는 곳에 이르면, 처음에는 그저 무심히 나무에 칠해진 색이나 돌 위에 남겨진 물감의 흔적을 따라갔다. 그러다 우리는 대담해졌다. 아마도 걷는 데 취했던 것 같다. 걷다 보면 굳은 몸이 풀려 어깨가 둥글어지고, 무릎이 부드러워지고, 팔이 늘어지고, 생각이 자유로워지고, 가벼워진 느낌이 들었다.

우리는 몇 시간째 이야기하며 걸었다. 흙은 부드러웠고, 나뭇잎 양탄자는 미끄러웠다. 걸음을 멈추면 신발 밑의 두툼한 나뭇잎 층 아래로 수많은 벌레들이 모습을 드러냈다. 우글거리는 벌레들 아래로는 또……. 겉보기에 자연은 미리 짜둔 조화를 보여주지만, 눈만 내리깔면 부식토의 부패가 낳은

* 카슨 매컬러스의 소설 『결혼식 멤버』의 프랑스어 번역본.

생명의 꿈틀거림을 볼 수 있었다.

　우리는 3시간째 걷고 있었다. 산은 높지 않았으나 기복이 많았으며 다 비슷비슷해 보였다. 우리가 있는 곳이 어딘지 알게 해줄 단서는 많지 않았다. 우리는 망설였다. 돌아서 산장으로 가야 할까, 아니면 계속 가야 할까? 춥기도 했고 이미 저녁이었다.

　녀석이 불쑥 튀어나온 것은 바로 그때였다. 검고, 윤기가 반지르르하고, 생기 넘치는 녀석은 숨을 몰아쉬고 있었고, 작달막했지만 육중했다. 녀석은 꼼짝도 않고 뚫어져라 우리를 쳐다봤다. 육중한 몸집에 길이 막혔다. 돌아간다는 건 불가능했다. 나는 그 자리에 얼어붙었다. 이웃의 식료품 가게 주인이 일러준 적 있었다. 이 부근에는 그다지 많진 않지만, 사나우니까 조심하라고. 마을에는 피 냄새에 흥분한 멧돼지들이 배가 갈라진 상체며 시체를 끌고 다닌다는 이야기들이 떠돌았다. 다친 사람들은 모두 사냥꾼 무리에 속했다. 더구나, 이 지역 아무 카페라도 들어가보면 멧돼지 어금니를 볼 수 있었다. 용담 냄새가 밴 그곳에는 가련한 전리품들이 먼지를 뒤집어쓴 채 자전거 경주 우승자들의 반짝이는 트로피 곁에 놓여 있었다.

우리는 잡고 있던 손을 놓았다. 나는 물컹한 흙 속에 발을 단단히 딛고 몸을 숙여 무게를 앞쪽으로 실었다. 녀석의 눈을, 충혈된 맹수의 눈을 찾았다. 그리고 비명을 내질렀다. 아랫배에서 날카로운 소리가 올라왔다. 나조차 깜짝 놀란, 전사의 소리였다. 나보다 더 놀란 멧돼지는 침울한 표정으로 고개를 숙이더니 천천히 몸을 돌려 초목 속으로 사라졌다.

행복한 사람에게는 이야깃거리가 없다고들 한다. 정말 그렇다. 미래를 품은 시간은 잔잔하기만 했다. 배가 점점 둥글어갈수록 나는 점점 강해지는 느낌이 들었다. 나는 '상태'를 가리도록 만들어진 헐렁한 원피스를 입지 않았다. 오히려 새로운 실루엣을 드러내주는, 색상이 화려하고 몸에 달라붙는 옷을 입었다. 그때는 모델들이 만삭에 누드사진을 찍는 유행이 시작되기 훨씬 전이었다. 임신을 아름답게 여기지 않던 시절이었다. 아직은 천사로부터 수태를 전해 듣던 성모의 얼굴이 잠재의식을 지배하고 있었다. 임신은 정기검진을 거듭 받아야 하는 불가피한 단계로, 피로와 직결된 일련의 시간이자 모든 의미에서 무거움으로 지각되었지, 오늘날처럼 여성성의 변화라는 자연스럽고도 영예로운 상태로 여겨지지 않았다. 나는 내가 느끼는 환희의 상태를 감히 주변 사람들에게 말하지 못했다. 말이 제대로 전해지지 않을 것 같아서였다. 반은 죽고 반은 살아 있는 존재가 느낄 법한 해방감 속에서 세상을 바라보는 듯한 기분을 안겨주는 이 정신적, 육체적 힘을 나는 마음속으로 만끽했다.

나는 의사 친구가 말한 출산 예정일보다 열흘 전에 파리로 돌아왔다. 파리의 무기력한 분위기에 내 기분도 가라앉았다. 다시금 모든 게 불결해 보였다. 거리며 상점들의 쇼윈도, 유리를 뒤덮고 있는 끈끈한 먼지, 시장에 내놓은 과일조차도 불결해 보였다.

나무로 된 덧창을 닫았다. 감미로운 어둠이 적막한 아파트를 감쌌다. 아직 방학이 끝나지 않은 아이들은 개학 전날에야 돌아올 것이다. 그날은 아기의 예정된 출생일이기도 했다.

나는 암소처럼 잠을 잤다. 게으르게 침대에 누워서 꿀 넣은 요구르트를 먹었다. 졸린 듯 기분 좋은 나른함 속에서 나는 부풀어 오른 젖꼭지, 무거워진 가슴, 배 위로 영역을 그리는 경이로운 푸른빛 정맥들을 관찰하며 기다렸다. 정맥들은 내 몸의 아래쪽 경계를 표시하며 고삐 풀린 배를 보호하고 있었다. 배 속에서는 아기가 밤낮을 가리지 않고 사방팔방으로 뛰놀았다.

아이는 기다리던 날에 태어났다. 언제, 어떤 상황에서 임신하게 되었는지에 대한 내 생각이 틀리지 않았다는 증거였다. 아이는 환한 햇살을 받으며 아침 10시에 태어났다. 아니 그보다는, 순순히 그리고 우아하게 내 몸에서 빠져나왔다고 해야 할 것이다. 녀석은 무사태평한 태도로 엄마의 동굴을 떠나 세상으로 나오기를 받아들였다.

나는 이미 녀석을 알고 있었다. 우리는 세상 밖에서 재회했다. 그리고 서로를 알아보았다. 아이의 탄생을 축하하는 예포처럼 녀석의 폐를 열어준 울음소리는 기쁨의 소리였지, 옆 분만실에서 밤이 끝나갈 무렵에 들리던 막무가내의 울부짖음이 아니었다.

내 친구이기도 한 산부인과 의사의 손놀림은 안마라도 하듯이 부드러웠다. 안경 너머로 그의 눈길이 흐뭇하게 빛났다. 분만은 3시간밖에 걸리지 않았다. 무통 주사는 단번에 효과를 보였다. 나는 고통받지 않았다. 지치지도 않았다. 아이 또한 피부에 타박상을 입지도 않았고, 태어난 게 참으로 행복하다는 듯 평화로워 보였다. 녀석은 팔다리를 떨고 있었다. 조화로운 살덩이. 나는 아기가 내 몸에서 빠져나올 때 밑으로 흘깃 볼 수 있었다. 의사는 투명하면서도 보랏빛이 도는 분비물을 떼어내기 위해 아기를 물로 씻겼고, 깨끗이 닦은 다음 내 배 위에, 녀석이 그토록 오랫동안 살았던 바로 그 장소에 조심스레 올려놓았다. 녀석이 눈을 떴다. 나는 현기증이 났다.

레, 미. 녀석의 이름은 그러니까 레미가 되었다. 단순하고, 밝고, 바위틈의 물처럼 투명한 이름이다. 녀석의 존재가 꼭 그랬다. 우리를 따라다니던 행복이 그랬다. 미, 레. 녀석이 태어나리라는 약속이 알려졌을 때부터 레미의 미가 우리 둘을 따라다녔다. 레미는 우리를 어린 시절로 되돌려놓는 이름이다. 레미는 부드러운 금발에 성격이 순한 사내아이, 읽기 교과서에 나올 법한, 더없이 평온한 그런 아이였다. 음표 같은 레. 나이 든 지휘자가 우리에게 작품의 구조를 더 잘 들려주려고 한 악장을 잠시 도중에 멈추기까지 했던, 지난겨울 들었던 사중주의 화음 같은 미, 레. 놀림감이 되거나 별명이 붙지 않을, 환하게 빛나는 짧은 이름이다. 선명하고 단호하고 쉬운 이름. 그것은 또 하나의 피부요, 새로운 주거지다.

"고통은 분명 살아 있고, 구체적이며,
꿈틀거리고, 떠들썩한 무엇이다.
잘 놀다가 예고 없이 덥석 피가 나도록
물지도 모를, 덩치 큰 광견 같은 것이다."

내가 글을 쓰는 건 추억하기 위해서가 아니다. 고통을 달래기 위해서가 아니다. 고통은 17년 전부터 계속되고 있으며, 앞으로도 나의 동반자가 되리라는 사실을 나는 알고 있다. 나는 그것과 더불어 살고 있다. 그것에 끈을 묶어 쥐고 있다. 이따금 그것은 나를 뒤흔들고 쓰러뜨린다. 오 나의 고통이여, 얌전하라, 잠잠하라.* 남들처럼 나 역시 청소년기에 발견한 이 시는, 처음 읽은 후로 나를 떠나지 않고 있다. 나는 이 시를 생물학적으로 이해한 듯한 느낌이 들었다. 오늘날 나는 보들레르가 옳았다는 것을 안다. 고통은 분명 살아 있고, 구체적이며, 꿈틀거리고, 떠들썩한 무엇이다. 잘 놀다가 예고 없이 덥석 피가 나도록 물지도 모를, 덩치 큰 광견 같은 것이다.

내가 글을 쓰는 것은 내 안의 텅 빈 형체에 말로써 다가가기 위해서다. 사냥꾼이 사냥을 하려면 자신의 영역을 알아야

---

* 샤를 보들레르의 시 「묵상Recueillement」의 첫 행.

하듯, 그 형체에 경계를 그으려는 시도인 것이다. 내 아들은 죽었는데, 나는 아직도 살아 있다. 살아 있다고? 나는 일인칭 자아와 삼인칭 자아 사이에서 영원히 분열된 채, 때로는 겉모습에 내 에너지를 쏟아붓느라 기진맥진하며, 긴장하고 굳어 있다. 속에는 자갈이 가득하고 밖에는 껍데기를 쓰고 있다. 매일 밤 내 턱은 나도 모르게 치아를 갈아댄다. 아니다, 틀니를 끼지는 않겠다. 약도 먹지 않겠다. 나는 사회의 낙오자도, 신경안정제 애호가도, 무책임한 몽유병자도 아니다. 나는 자식을 잃고도 살아 있는 엄마이며, 꼬마 동생을 둔 두 딸의 엄마, 두 번씩이나 엄마가 된 사람이다. 아네요, 엄마. 꼬마 동생이라 하지 마세요. 살아 있다면 지금쯤 우리보다 훨씬 클 텐데요.

  내가 글을 쓰는 건 거리를 두고 시간을 길들이기 위해서다. 시간이 약이지요……. 형식적인 절차들을 끝마쳤을 때 병원에서 마주친 한 노파가 내게 말했다. 나를 위로하려고 한 말이었다. 그건 거짓말이자 모욕이다. 시간이 흘러도 아무것도 지워지지 않고 아무것도 가라앉지 않는다. 오히려 그 반대다. 안으로는 몸이 아기의 자리를 잊지 못하고, 밖으로는 팔이 아기를 품었던 품을 잊지 못하는 것 같다. 시간은 아무것도 변화시키지 못한다. 차라리 그 편이 낫다. 수없이 새끼를 낳는 암고양이처럼, 어미가 새끼들을 버리고 떠날 수도 있다고 믿게 하는 게 대체 무슨 소용이란 말인가?

아이와 더불어 살았던 아홉 달이 거의 기억나지 않는다. 기억력의 술책일까? 아니면 시간의 동질성에 가해진 테러가 내 안에 일으킨 폭발의 결과일까? 그 시간은 나중에 타버린 시간이다. 텅 빈 요새다. 접근을 막기 위한 철조망이다. 어쩌면 아이의 시간은, 아이와 함께했던 그 시간은 나도 모르는 사이 성역으로, 그 누구의 발길도 닿은 적 없는 영토로 변해버렸는지 모른다. 그곳에 다가가기란 불가능하다. 그것에 대해 말하는 것도 불가능하다. 아이들과 함께라면 몰라도. 이야기해줘……. 아이들은 언제나 그 아이의 이야기를 들려달라고 한다. 그러니 그 아이와 함께했던 삶이 어땠는지 알려줄 말들을 찾아야 한다. 그 말들은 부재를 뚫고 들어가, 소리 없이 구덩이 속으로 떨어지지 않도록 매달릴 이미지, 향기, 풍경, 사물 들을 품어야 한다.

따라서 아이들 때문에, 아이들을 위해 재구성해야만 했다. 그 시절에 대해서는 매우 뜨거운 빛의 느낌이, 완벽할 정도로 잔잔한 시간과 육체적 행복의 힘에 대한 느낌이 남아 있다…… 그런데 정말 남아 있나?

이를테면 저녁에 집으로 돌아와서 어떻게 아이를 씻겼고, 어떻게 부엌의 높은 식탁 의자에 앉혀 저녁을 먹였으며, 아이와 함께 누워 어떻게—불도 켜지 않은 채—우리만의 언어로 재잘거렸는지, 아이가 내 가슴에서 어떻게 잠이 들었으며, 어떻게 엄지손가락을 빨며 침을 흘렸는지를, 그리고 그것이 잠들기 직전의 마지막 신호였다는 걸 난 달콤하게 기억하고 있다. 젖내와 파우더 냄새가 섞인 아이의 향기와 피부의 감촉을 기억하고, 붉은빛이 도는 속눈썹을 기억한다. 아이의 속눈썹은 꼼짝도 않았지만 나는 아이를 깨울까 봐 감히 움직일 생각조차 하지 못했다. 흔히들 천사처럼 잔다는 표현을 쓴다. 그보다 나은 표현이 있을까. 그러니 그럴 때가 아니더라도 경계를 풀고 아이의 고요한 세계로 빠져드는 수밖에 없었다. 나는 아이와 더불어 저녁의 감미로움 속으로 떠나곤 했다. 어린 시절을 되찾은 것 같은 해방감, 완벽하게 잔잔한 액체의 표면 같은 느낌, 마침내 받아들인 자포자기의 감정 속으로.

무릎과 팔꿈치를 오므려 몸을 둥글게 움츠린 아이와, 태아의 자세를 한 내가 함께 똬리를 틀고 있는 모습을 아이 아빠가 종종 발견한 건 우연이 아니다.

어린 시절 이야기는 지칠 줄 모르는 우리의 대화 속에 자주 등장했다. 레미는 나에 대해 많은 것을 알았다. 폭신한 땅에서 해변의 모래사장으로 이어지는 나무다리가 있었다. 그 다리는 너무 약해서 아이들만이 지나다닐 수 있었다. 오후가 되면 와이테*가 돗자리를 깔고 눕기 좋아하던, 차고 뒤의 망고나무 그늘도 있었다. 밤이 되면 그는 돗자리를 접고 엄숙하게 헐렁한 흰옷으로 갈아입고는, 휘파람으로 이웃들을 불러 모아 다 함께 기도를 올리며 이상야릇한 발레를 추곤 했다. 달이 뜬 밤이면 나는 잠을 이루지 못했다. 그러면 와이테는 파도치는 바다를 마주한 테라스에서 그의 곁에 나란히 눕도록 허락해주었다. 그는 내게 테라스 난간이 그리는 흰 선을 바라보라고 했다. 그러다 보면 어느새 잠이 들었다. 비바람이 몰아치는 밤에는 빗방울이 요란한 소리를 내며 양철 지붕을 때렸고, 붉은 진흙땅에 도랑을 내어, 걷다 보면 발이

---

* 저자가 서아프리카 기니에서 보낸 어린 시절에 그를 돌봐준 인물.

마치 미지근한 용암 속에라도 빠진 듯한 관능적인 느낌이 들어 균형을 잃기 십상이었다. 장마철에는 부겐빌레아*의 거무스레한 가시들이 집을 빙 돌아가며 자라나, 핏빛 칸나의 연약한 가지에 뒤엉켜 붙곤 했다. 그래서 나는 식물들이 같은 종끼리 잡아먹는 줄만 알았다…….

나는 바다를 마주하고 있는 땅의 한 귀퉁이를 아버지가 내게 맡겨서 매일 그리로 물을 주러 갔으며, 거기에서 기적처럼 작은 고추를 키워낸 이야기를 레미에게 들려주었다. 냄새에 대해서도 자주 말했다. 막다른 길에 있던 집은 장마철 내내 나뭇가지, 나뭇잎, 그리고 썩어가는 과일 들이 뒤죽박죽 섞인 거대한 식물 하수구로 변해 톡 쏘는 시럽 냄새가 났고, 그 냄새는 며칠 동안이나 피부에 배어 있었다.

레미에게 말했다. 내가 폭력과 광란의 분위기 속에서 2시간 만에 떠나온 그 나라**로 함께 가고 싶다고. 사람은 바뀌었지만 그곳의 체제는 여전히 부패로 작동한다는 걸 알고 있었다. 떠나오기 전, 나는 도시로 옮겨 가게 되리라는 사실을 들었다. 아버지는 그곳의 지도를 간직했는데, 그걸 보며 나는

---

* 분꽃과의 덩굴성 관목.
** 1958년 기니가 프랑스에서 독립하면서 프랑스인들은 급히 떠나야 했다.

탄생의 모태 같은 그곳, 내가 의식하지 못한 채 감각 장치를 구축했던 그곳, 실재하는 상상의 영토를 언젠가는 내가 다시 찾을 수 있으리라고 희망을 품을 수 있었다. 그곳에서 구축한 감각 장치는 시간이 흘러도 여전히 내게 기호嗜好와 욕구와 갈망 들을 부추기고 있다. 레미와 함께라면 나는 어린 시절로 되돌아갈 수 없다는 자각에서 오는, 피할 길 없는 실망감에 맞설 자신이 있었다. 한낮의 양털 같은 하늘의 아름다움을 그 아이와 나누고 싶었고, 바다에서 불어오는 산들바람의 어루만짐을, 그럴 때 덮쳐드는 가벼운 한기를 아이가 피부로 느끼게 하고 싶었다. 파도의 소용돌이 속에서 열기와 안식을 찾기 위해 바다로 곧장 달려가게 만드는 그 한기를.

내가 꿈을 꾸고 있다는 걸 난 잘 알고 있었다. 결코 내 아들은 빛과 냄새와 열기가 뒤섞여 마음을 뒤숭숭하게 흔들어놓는 그런 어린 시절을, 자유로운 몸이 원소들과 하나가 되어 평생 쓸 유익한 정기精氣와 욕망을 일깨우는 원천들을 끌어모으는 그런 어린 시절을 체험할 행운을 누리지 못할 것이다.

레미는 그보다는 평범하게, 오염된 지중해 해변에서 바다를 발견하는 기쁨을 알게 되었다. 그 해변에서 나는 아이가 파도를 발로 차려고 애쓰는 동안 아이의 손을 잡은 채, 버려진 선크림 통들과 회색빛 거품에 실려 떠다니는 맥주 캔들을 어떻게 치워야 할지 알지 못했다. 굵고 거친 모래 때문에 발이 아팠다. 하지만 아이는 아랑곳하지 않았다. 아이는 웃고 또 웃었다. 회전목마처럼 지칠 줄 모르고 돌아오는 파도를 보면서 숨이 넘어갈 듯 웃었다.

사람은 한평생을 살아가며 같은 이야기를 되풀이한다. 알면서도 어쩔 수가 없다. 반복하고 싶은 욕망을 이기지 못한다. 나의 부모님은 아프리카를 떠난 뒤 따뜻한 곳에 집을 짓겠다는 집념을 버리지 않았고, 구체적인 설계까지 했다. 그 집은 아프리카에 두고 떠나온 집과 똑같았다. 작은 언덕, 막다른 길, 대지의 배치 등, 모든 것이 같았다. 두 분은 결코 그 사실을 인정하려 하지 않았다. 단 한 가지 다른 점은 욕조가 샤워기를 대체한 것이었다. 레미의 마지막 사진은 남프랑스 집의 파란 욕실에서 나와 둘이 발가벗고 목욕하는 사진이다.

오늘 이 글을 쓰는 건 내가 아직 살아 있기 때문이다. 내 아이를 잃고도 살아 있기 때문이다. 이럴 경우 어느 엄마라도 이 세상에 아직 남아 있다는 사실에 죄책감을 느낄 것이다. 오늘 내가 이 글을 쓰는 건 그 7월 13일, 데마스크 사거리의 텍사코 별 아래에서 죽음에 덥석 물려가지 않았기 때문이다. 이 글은 내가 그 아이에게 준 생명이 내 안에서 이어지기를 바라는 희망을 담고 있다.

내가 내 아들의 이야기를 쓰는 건, 그 불행에 끌려가는 동안 불행이 우리 모두의 것이라는 확신이 섰기 때문이다. 우리는 모두 똑같은 운명을 가진 채 이 세상에 태어난다. 살아야 한다는 운명 말이다.

파리는 텅 비어 있었다. 아파트 문은 열려 있었다. 아기 방에는 이불이 걷혀 있었다. 흰 시트에는, 누웠을 때 입이 닿는 자리에 작은 동그라미가 그려져 있었다. 소화되지 않은 과일주스 자국이었다. 베개에는 아기 냄새가, 금잔화 향 샴푸와 파우더 냄새가 배어 있었다. 아무도 없었고, 아무것도 없었다. 아무 말도, 쪽지도 설명도 없었다. 열쇠도 없었다. 그때 이미 나는 내가 누구이며, 어디에 있으며, 뭘 하고 있는지 알지 못했다. 다만 이를 부딪치며 덜덜 떨고 있었다는 것만 기억이 난다. 그런 상황에서는 이상하게도 일종의 분열이 일어난다. 마치 자동조종장치가 작동해 인생이라는 항해가 계속되게끔 보장해주는 것 같다. 실제로 나는 이미 구경꾼이 되어 있었다. 아기와 떨어진 채 경주에서 벗어나, 더는 아기를 위해 아무것도 결정하지 못했다. 결박된 채 사람들이 내게 믿으라고 내미는 것을 받아들일 수밖에 없는 상태였다.

언젠가 연이은 두 번의 여름 동안, 할머니의 집 뒤쪽에 있는 언덕에서 남자아이들이 나를 보리수에 밧줄로 묶는 걸—그들은 내가 인디언 여자처럼 생겼기 때문이라고 말했다—내버려둔 적이 있었다. 아이들은 날카로운 비명을 내지르면서 오후 내내 내 주위를 맴돌았다. 두려움은 오래가지 않았다. 오히려 재미있었고, 나는 선택되었다는 사실에 자부심마저 느꼈다. 겁에 질린 인디언 여자, 그게 나였다. 난 또 하자고 했다. 그리고 어느 날 오후에는 아이들 대장의 형이 공 하나를 들고 왔다. 그들은 나를 묶어둔 채 모두 가버렸다. 밧줄이 아래까지 감겨 있었기에 나는 발 하나 꼼짝할 수가 없었다. 비가 내리기 시작했다. 지금도 그때의 나뭇잎 냄새를 기억한다. 밤이 되자 나는 겁이 났다. 온몸이 떨리기 시작하더니 도무지 멈추지 않았다. 집집마다 부엌에 불이 켜지는 것이 보였다. 라디오에서 흘러나오는 노래가 들렸다. 배를 감고 있는 밧줄이 너무 팽팽해서 풀밭 위로 쓰러져 쉴 수조차 없었다. 나를 풀어주러 온 사람은 내 동생이었다.

"내 아들은 어디에 있단 말인가?"

건물 사람들은 그들을 브론테 자매라고 불렀다. 그들은 마르고, 키가 크고, 나이가 들었으며, 언제나 근사하게 옷을 잘 입었다. 폭풍우로 엉망이 된 저택을 팔기로 결심한 뒤 그들은 이곳, 파리의 서민 동네로 오게 되었다. 그들은 부유했다. 돈도 시간도 넉넉한 부자였다. 그들은 구호 활동에 참여했으며, 한센병에 맞서 싸우는 일에 놀라울 만큼 정열을 쏟았다. 한센병이 거의 강박관념이 될 정도였다. 그들이 어느 날 처음으로 내 방문을 두드린 것도 바로 그 때문이었다. 웃는 얼굴에다, 재미있고, 너무도 사랑스럽고 엉뚱한 그들에게 어찌 안 넘어갈 수 있었겠나? 나는 두 자매를 따라 겨울 내내 일요일마다, 시장에서 소리를 질러대는 생선 장수 앞에서 철제 모금함을 내밀고 서 있었다. 우리의 관계는 그렇게 시작되었다. 그때부터 소금을 얻으러 온다거나, 또는 굴뚝 청소부의 주소를 가르쳐달라는 등의 구실로 관계가 이어졌다. 두 자매는 내 보호자 역할을 했고, 나는 두 사람 모두를 진심으로 존경했다.

의사가 내게 임신 사실을 알려주던 날 오후, 그들의 집을 찾아가 벨을 눌렀던 기억이 난다. 내가 "저 임신했어요"라는 말을 처음으로 한 것도 바로 그들 앞에서였다. 그들은 나와 함께 아기를 기다렸다. 내 배를 만지고, 이마에 입을 맞추고, 열대 과일들을 가져다주었다. 자매 가운데 동생은 원피스처럼 입을 수 있는 아주 큼지막한 털 스웨터를 짜주었다. 출산 몇 주 전부터는 차가운 레모네이드도 올려다주었다. 유리잔을 빙 둘러가며 정성껏 설탕까지 발라서.

두 자매는 40년 만에 처음으로 서로 떨어졌다. 동생은 아기와 보모와 함께 떠났고, 언니는 떨리는 손으로 나를 끌어안고 울며 똑같은 말만 되풀이했다. 아기가 아파요, 얼굴이 잿빛이었어요. 그녀는 너무도 감정이 격한 상태라 동생이 아기를 어디로 데리고 갔는지조차 말하지 못했다. 그녀의 입에서는 앞뒤가 맞지 않는 말들이 쏟아져 나왔다. 나는 라디오 방송국에서 아들이 병원에 있다는 소식을 전해 듣고 온 참이었다. 그녀는 아기가 한 의사의 진료 대기실에 있는 것 같다고 했다. 그런데 어느 의사인지는 알지 못했다. 다만 동생이 전화번호부를 뒤져 여러 차례 전화를 걸었으며, 보모 품에 안긴 채 움직이지 않는 아기를 응급으로 진찰해달라고 접수처 직원에게 사정한 사실을 기억해냈다. 또 어떤 병원은 전화를 받지 않아 시간을 너무 지체했다는 것과, 대기실에서 그녀의 동생이 화를 냈다는 것도 떠올렸다. 그렇다, 두 자매는 그들의 집으로 와서 주사를 놓아주곤 하던 젊은 간호사가 일하는 병원을 알고 있었다. 언니는 그 병원의 이름은 몰랐지만 찾아갈 줄은 알았다. 저랑 같이 가실래요? 그러더니 그녀는 생각을 바꾸었다. 동생이 전화하기로 했다는 것이다.

내 아들은 어디에 있단 말인가?

동생은 공중전화로 전화를 걸어와, 너무도 불안하고 화가 난다고 말했다. 아이의 입술이 파랗게 질리고 눈동자가 움직이지 않는데도, 의사가 아니라도 척 보면 위험한 상태라는 걸 알 수 있는데도 그 동네 의사는 45분 이상을 기다리게 했다고 말했다. 의사는 원래 잡혀 있던 두 예약 사이에 드디어 아이를 받더니 진찰을 해보지도 않고, 눕히지도 만져보지도 않고, 맥박조차 재지 않고 아이와 보모와 그녀를 돌려보냈다. "상태가 너무 심각합니다. 제가 맡고 싶지 않으니 큰 병원으로 데려가세요"라는 말을 하고서. 동생이 되풀이한 이 말을 언니는 차마 내게 전하지 못했다. 나중에 가서야 나는 의사들이 구급차를 응급으로 부를 수 있다는 사실을 알았다. 나중에서야 내 아들이 구급차에 실려 갔었어야 했다는 사실을 알았다. 또한 그 의사가 그걸 알고 있었다는 것도 알았다. 그 의사의 이름을 나는 도무지 잊을 수가 없다.

그러니까 내 아들은 보모의 품에 안긴 채 택시를 타기 위해 줄을 서 있었고, 그동안 동생 브론테는 전화기를 붙든 채 두

행선지 사이에서 망설이고 있었다. 어느 병원을 선택해야 하지? 내가 들어본 병원이던가? 소아과 수준은 어떻지? 두 병원은 비슷한 거리에 있었다. 겁에 질린 채 나는 'L' 병원을 택했다. 저주스러운 기억. 절대 그런 선택을 하지 말았어야 했다.

내가 도착했을 때 아이는 이미 와 있었다. 택시는 나를 병원 뒤쪽에 내려주었다. 따라서 나는 뒷문으로 병원에 들어갔다. 쓰레기통 옆에는 거즈, 붕대, 찢어진 소독 봉투 들이 쌓여 있었다. 통조림통들, 빈 맥주병들 옆에는 구겨지고 피 묻은 하얀색 마스크들이 있었다. 나는 병원이 매일같이 제 배설물을 비우는 곳으로 들어갔던 것이다.

그건 아무것도 아니었다.

나는 안다. 병원이라는 곳에는 여러 창구와 접수처가 있고, 네온등이 있으며, 망가진 가구들, 빛바랜 그림들, 끝도 없이 이어지는 복도들이 있고, 또 대기실 안 코르크 게시판 위에 압정으로 붙여둔, 아이들이 그린 그림들이 있다는 걸. 병원에는 화장을 하고 좋은 향수 냄새를 풍기는 상냥한 전화교환원들도 있다. 심지어 요즘은 포켓몬스터나 형형색색의 곰 인형, 소리 나는 오리와 딸랑이 같은, 유럽집행위원회에서 안전성을 보장하는 장난감들을 살 수 있는 상점들까지 있다—아이들이 있는 병원일 경우다. 그래도 어쩔 수 없다. 병원이라는 곳은 들어서기만 해도 불안감이 숨통을 조여오는 것만 같다.

나는 달려서 이중문을 지났다. 흰색 가운을 입은 사람들이 알려주는 대로—제멋대로 알려주는 대로—갔다. 가다 보니 주방에 이르게 되었다. 오후 4시였다. 앤틸리스제도 출신의 한 여자가 소독약으로 거대한 개수대를 청소하며 콧노래를 부르고 있었다. 내게는 노래에 맞춰 움직이는 그녀의 하체와 머리밖에 보이지 않았다. 나는 그녀가 홀로 즐기고 있는 리듬을 가로막고 나섰다. 나를 향해 돌아본 그녀는 내 목소리나 시선에서, 내 손을 잡고 나를 대신해서 길을 물어 이 거대하고 황폐한 검은 성 어디에 내 아들이 있는지 찾아야 한다는 걸 깨달았다. 그 성 속에서 나는 이미 시간에 대한 지각과 공간개념과 방향감각을 잃고 헤매고 있었다.

그 친절한 여자가—내 아들의 행방을 알려줄 접수 담당자에게 내 이름을 말해주겠다고 하며 나를 안심시키려고 손을 꼭 잡아주던 그녀의 따뜻한 손을 아직도 기억한다—나를 돕기 위해 나서기 전까지 내가 얼마나 오랫동안 멍한 상태에 빠져 있었는지는 알 수 없다. 다만 내가 아는 건, 내 아들이 유아기에 접어들고 있는 아기였으므로, 너무 어린 탓에 아기의 이름으로는 찾을 수 없었다는 사실뿐이다.

　접수처에서는 아이가 아마도 아이를 데려온 보호자의 이름으로 접수되었을 거라고 말했다. 너무도 겁에 질린 나머지 나는 이웃집 여자의 이름을 기억해낼 수가 없었다. 앤틸리스 제도 출신의 여자가 해결책을 알려주었다. 아마도 응급실에 있지 않을까요? 그녀는 내 손을 잡아끌었다. 우리는 정원 하나를 가로질렀다. 아니, 정원이라기보다는 잠옷 바람의 나이 든 환자들이 낮은 담장에 기댄 채 바람을 쐬고 있는, 작은 콘크리트 마당이었다. 그곳은 숨이 막힐 정도로 더웠다. 햇빛이 쏟아지는 게 보였다.

나는 불결한 초록색 방의 안쪽 구석에 있는 아들을 바로 알아보았다. 아들은 가장 구석진 곳, 간호사들이 분주하게 움직이는 유리로 된 방 맞은편에 있는, 나무 의자들이 ㄱ 자로 연결된 곳에 있었다. 나는 아무 말 없이 보모의 팔에서 아이를 건네받았다. 이런 순간에는 말이 나오지 않는 법이다. 이웃집 여자는 내 손목을 세게 쥐었다. 나는 아무 생각도 들지 않았다. 그들의 등을 뒤로하고 걸었다. 아이를 품에 안은 채 유리방 뒤의 아무도 없는 공간을 향해서. 나는 아이와 단둘이 있고 싶었다. 아이를 데리고 갔다. 아이에게 말을 했다. 아픈지 물어보았고, 무슨 일이 일어난 건지 물었다. 아이는 가만히 나를 바라보았다. 둥글게 휜 아이의 속눈썹과 초점 잃은 시선과 나를 향해 고정된 눈을 기억한다.

아이는 새파랬다. 입술이 새파랬다. 창백해진 피부 위로 드러난 목의 정맥도 새파랬다. 귓불까지 파랬다. 사람들은 종종 텅 빈 눈길에 대해 말한다. 나는 그 표현이 무얼 의미하는

지 않다. 나는 아이를 다시 보기도 전에 의사에게 맡기고 싶지 않았다. 상태가 심각하다는 건 아직 알지 못했지만 우리가 떨어져야 하리라는 건 몸으로 느꼈다. 그러므로 나는 우리에게 강요된 그 시간에 함께 맞서고자, 서로 잠시 떨어질 일에 관해 아이와 뜻을 맞추고 싶었다.

 나는 사람들이 너무 많고, 너무 시끄럽고, 너무도 긴장이 감도는 응급실을 빠져나왔다. 아이와 함께 이중문을 넘어서고 싶었다. 우리는 두 개의 문 사이에 있는 아주 작은 공간 안에 몇 분간 단둘이 갇혀 있었다. 그런데 문이 움직이지 않아 뒤로 돌아갈 수가 없었다. 앞쪽도 마찬가지였다. 아이에게 산소가 부족하진 않을까 겁이 났다. 푹신하고 불룩한 플라스틱 문을 두드려 보았지만, 소리는 죽어버렸다. 몇 분이 흘렀을까. 내게는 그 몇 분이 영원처럼 느껴졌다. 아이는 조용했다. 너무나 조용했다. 한 간호사가 와서 우리를 나가게 해주었다. 그는 웃으며 말했다. "오른쪽 버튼을 누르면 되는데 못 보셨어요?" 그는 벗겨진 타일 바닥 위로 슬리퍼 소리를 울리면서 엉덩이를 실룩거리며 다시 떠나갔다.

 세탁실 앞에서 나는 등받이가 없는 의자 하나를 발견했다. 복도에는 아무도 없었다. 나는 아이와 함께 앉았다. 아이를 안은 채 흔들어주었다. 아이가 아직 내 배 속에 있을 때 매일 저녁 목욕을 하면서 불러주던 노래를 불렀다. 안녕, 사촌 언니, 안녕, 사촌 오빠, 나를 좋아한다고 들었어, 진짜야? 나는 아이의 얼굴과 손을 어루만졌다. 양말을 벗겼다. 발이 얼음장 같았다. 의자를 천천히 돌렸다. 우리는 함께 돌았다. 아이가 어지러울까 봐 발로 의자를 세우자 아이는 내게 웃어 보였다.

나는 거의 편안해지고 가벼워진 마음으로 되돌아갔다. 다시 응급실 문을 통과했고, 빨간 숫자가 표시되는 검은 화면을 뚫어져라 쳐다보며 우리가 돌아오기를 초조하게 기다리고 있던 보모와 이웃집 여자 곁에 가서 앉았다. 브론테 자매는 번호표를 갖고 있었다—그렇다, 세탁소에서 주는 것과 같은 번호표 말이다. 나는 화면에 62번이 적혀 있는 걸 보았다. 그녀의 가녀린 손가락 사이에는 94번이 적힌 표가 쥐어져 있었다.

나는 울부짖었다. 그렇다, 나는 울부짖을 줄 안다. 내가 울부짖기 시작하면 내 아이들도 나를 부끄러워한다. 그것은 어두운 그늘로부터 나온다. 청소년기 내 얼굴을 뒤덮었던 염증, 가면 아래 감춰진 그 모든 고름. 그걸 터뜨려야만 했다. 그 흉터는 아직도 남아 있다.

내가 너무나 울부짖었기 때문에 그들은 아이를 진찰하기

로 했다. 응급실이란 곳은 긴급한 게 하나도 없는 부서라는 걸 알아야 한다.

간호사 세 명이 비닐을 씌운 들것 위에 아이를 눕혔다. 아이가 너무 작아서 들것의 양옆과 위아래로 난간을 높여야만 했고, 빈 공간을 줄이기 위해 긴 베개를 놓았다. 이러한 동작들은 지나치게 기계적으로 행해졌기에, 한순간도 그것이 아이를 위한 일이라는 생각은 들지 않았다.

마침내 의사가 왔다. 그가 진단을 내리는 데는 2분도 채 걸리지 않았다. 아이가 '접수'된 지는 2시간이 지났는데.

매우 심각하고 위급한 상태였다.

급성 호흡부전.

갑자기 모든 게 빨라졌다. 사람들, 소리, 이미지들이 빠르게 지나갔다.

그들은 내 아들의 기도에 관을 삽입했다. 이후로 아이가 영원히 그렇게 지내야 하리라는 걸 난 알지 못했다. 아이와 세상 사이에 이제 더는 공기가 끼어들지 못하게 되었다. 자율

성은 상실되었다. 아이를 태어나게 한, 아이를 세상에 낳은 승리는 패배로 변해버렸고, 삶에 맞서는 자유가 아이에게서 박탈되었다. 그렇게도 맹렬히 살아 있는 아이를 낳았는데. 아이는 내 배 속에서 자랐다. 아이가 내 배 속에서 나온 것은 산다는 행위 자체가 요구하는 복잡한 장치가 완성되었기 때문이다. 아이와 나 사이에 놓이게 된 그 기계는 아이를 세상으로부터 멀어지게 했다. 하지만 그 기계는 아이를 살게 해주기에 반드시 필요한 것이었다. 의사는 없어서는 안 되는 것이라고까지 말했다. 걱정 마세요, 어머니. 제가 나중에 설명해드리지요. 내 아들을 데려가면서 의사는 그렇게 말을 맺었다. 아들을 태운 아주 넓은 엘리베이터는 우리 세 사람을 남겨둔 채 쾅, 하고 닫혔다. 엘리베이터 위에는 빨간 글씨로 병원 직원 전용이라고 적혀 있었다.

여기가 어디지? 아이를 어디로 데려간 거지? 그들은 깜빡하고 내게 그걸 말해주지 않았다. 아니면—응급실 수간호사가 말했듯이—나 스스로 깨달아야만 했던가—너무도 뻔한 사실이므로. 어머니, 급성 호흡부전을 겪는 아이를 어디로 데려갔겠어요? 소생실이지요, 소생실. 여기서 아주 머니까 길을 잃지 마세요. 한 층을 내려가서 지하도로 가세요. 가다 보면 큰 복도가 나옵니다. 건물들 아래로 통과해서 계속 가세요. 끝까지 가세요. 거기에서는 헤맬 일이 없을 겁니다. 화

살표 표시가 있고 밤낮으로 불이 켜져 있으니까요. 그렇지만 지금 시간이 너무 늦어서 들어가게 해줄지 모르겠군요. 게다가 먼저 서류를 작성하셔야 합니다.

 나는 서류의 빈칸을 작성했다. 성, 이름, 의료보험 번호, 개인보험 회사 주소. 나는 내가 누구인지는 알지 못하는 상태였지만, 숫자들이며 주소들이며 우편번호까지도 기억하고 있었다. 그러고 나서 복도를 따라 걸었다. 계단 아래에서 공중전화를 보았다. 온통 망가진 것처럼 보였다. 동전을 꺼냈다. 번호를 눌렀다.

 나는 아무 소리도 낼 수 없었다. 상황을 말한다는 게 도무지 불가능했다. 숨이 막혔다. 그가 내 숨소리를 들었다. 전화기를 통해 숨소리를 듣고 나를 알아보았다. 말을 꺼낸 건 그였다. 그는 오래도록 말했다. 내가 어디에 있는지 물었다. 그는 내가 있는 곳으로 오고 싶어 했다. 도대체 어디야? 당신 어디 있어? 그는 내가 사고를 당했다고 생각했다. 그의 목소리가 감미롭게 내 안으로 흘러들었다. 솜처럼 희고 얼음처럼 차가운 냉기를 겪고 난 후에 느끼는 약간의 온기였다.

 내 심장이 세차게 뛰는 소리가 들렸다. 나는 내 생명 장치가 잘 작동하고 있으며, 걱정할 대상이 내가 아니라는 걸 그에게 알려주고 싶었다. 그는 아이에 대해서는 말하지 않았다. 아이가 위험에 처할 수 있다는 걸 상상도 못 한 것이다. 어떻게 그걸 상상할 수 있겠나?

나는 내 뒤에서 음식물이 가득 담긴 커다란 바구니를 들고 손에 동전을 쥔 채 초조하게 기다리고 있는 부인을 보지 못했다. 기침 소리에 뒤를 돌아보았다. 그녀와 시선이 마주쳤다. 그녀는 눈을 피하지 않았다. 나는 말없이 애원하며 전화기를 그녀에게 내밀었다. 그녀는 내 부탁을 이해했다.

그녀는 그가 출발했다고 내게 말했다. 적어도 1시간은 걸릴 테니 늦더라도 걱정하지 말라고 했다. 그가 멀리 있는 데다 교통이 가장 혼잡한 시간이라는 거였다. 그녀가 '늦더라도'라는 말을 했을 때 나는 소스라치게 놀랐다. 그때 이미 우리는 지속적인 시간 속에 살고 있지 않았다. 전진과 약속과 분할의 개념으로 구축된 시간 속에 있지 않았다. 우리는 떠들썩한 소란에 이미 휩쓸렸고, 움직이지 않는 시간 속에 정지된 채, 벽에 등을 대고 고정된 채, 견디기 힘든 현재 속에, 미래 없는 현재 속에 영원히 붙들린 상태였다.

그녀는 나더러 소아병동으로 가라고 했다. 그곳에는 대기실이 있으니 앉아서 쉴 수 있을 거라고 했다. 나는 피곤하지 않았다. 멍할 뿐이었다. 나는 방향감각을 잃었다. 우리 아이가 어디 있지? 그 사람들이 우리 아이를 어떻게 했지? 어째서 내 아이 곁을 떠나지 않을 권리가 내게 없단 말이지? 왜 나를 아이 곁이 아닌 대기실에 있게 하려는 거지? 나한테 숨길 일이라도 있다는 건가?

이날 그 누구도 나의 표류에 동행하지 않았다. 아무도 나를 소아병동까지 데려다주지 않았다. 아무도 내게 말을 해주지 않았다. 병원이 환자들을 온전히 맡을 때 환자들과 그 가족들은 의료진의 능력과 헌신의 혜택을 누리지만, 비극적인 사건들이 아직 일상에 속하는, 그 이전의 시간 동안 그 비극들을 겪는 사람들은 도움이 될 몸짓이나 말을 모른 채 오직 자신을 의지할 수밖에 없다.

나는 열 번도 더 길을 물어야만 했다. 물을 때마다 매번 사람들은 친절하게 대답해주었지만 내가 아무것도 알아듣지 못한다는 걸 누구도 깨닫지 못했다. 나는 오른쪽, 왼쪽조차도 구분하지 못했으며, 어느 쪽으로 가야 할지 알기 위해서는 글을 쓰느라 볼록해진 손가락을 더듬어봐야만 했다. 거울, 복도, 불이 켜진 유리방, 이어지는 콘크리트 바닥, 회전문, 이중문, 전용 엘리베이터 들. 나는 그 병원이 전체가 한눈에 보이는 원형으로 건축되어 있다는 사실을 나중에서야 알게 되었다. 그러한 건축적 배치는 보이지 않는 간수 한 사람으로 죄수들을 감시하기 위해 19세기에 영국에서 만들어진 것이었다.

내 아들은 본관에 있었다. 그 건물에 들어가는 데는 절차가 복잡했다. 신분을 밝혀야 했고, 귀금속과 시계를 맡기고, 가방을 금속 상자 안에 넣어야 했다. 그런 다음 나는 올라갔다. 거기서 다시 한번 검사를 받았다. 옷을 다 벗고, 등에 단추가 달린 파란색 종이 가운을 입고, 흰색 종이 신발을 신고, 마스크를 써야만 했다.

아아, 나는 그 절차들을 빨리 익혔다. 하지만 너무 늦은 시각이었다. 사람들이 나에게 말도 하지 않고 내 아들을 집어넣은 그 성소로 들어간다는 것은 생각조차 할 수 없는 일이었다. 오직 그 결정을 내린 의사를 기다리는 수밖에 없었다.

그가 오래전부터 기다리고 있었다는 말도 없이 간호사는 나를 대기실로 데려다주었다. 그는 뒤돌아선 채 밤을 응시하고 있었다. 나는 상처 입은 동물처럼 겁먹은 모습으로 그에게 다가가면서, 2시간 전 내가 왜 그에게 말을 할 수 없었는지를 깨달았다.

죄책감 때문이었다. 이런 일이 일어나도록 허용한 건 나였다. 내가 엄마의 영역을 떠났기 때문이다.

내가 끈을 끊었기 때문이다.

사고가 일어났을 때 아이의 곁에 있지 않았으므로 돌이킬 수 없는 잘못을 저지른 것이다.

난 미리 알았어야만 했다. 엄마라면 모든 걸 알아야 하는 게 아닌가.

아버지는 아이를 보호하기 위해 모든 걸 했지만, 어머니는 그러지 못했다.

아버지는 항상 곁에 있었다. 아이 곁을 지켰을 뿐 아니라 이 못난 어머니 곁도 지켰다.

그는 내게 아무 말도 하지 않았다. 내 손을 잡았을 뿐이다. 그는 내 손에 오래도록 입을 맞추었다. 의사가 왔을 때 우리는 손을 맞잡고 있었다.

의사는 갈색 머리에 성격이 활달했으며 툴루즈 지방 사투리를 썼다. 목이 꽤나 굵었다. 나는 의사의 눈만 뚫어져라 쳐다보았다. 이해해보려고 애썼지만 그가 우리에게 하는 말은 도무지 알아들을 수 없었다. 나는 이내 그가 모르면서, 모른다는 사실을 말하고 싶어 하지 않는다는 걸 깨달았다. 그 의사 말고 다른 의사, 병원장, 인턴, 저명한 교수 들도 마찬가지였다. 우리는 많은 의사를 만나보았다. 아르헨티나, 캐나다, 미국의 저명한 전문의들과 편지를 주고받기까지 했다. 모두들 아는 척을 했다. 그건 분명했다. 하지만 언제나 의학 소설의 도입부를 맴돌 뿐이었다. 몇 주가 흘러도 하는 말은 똑같았다. 안다고는 하지만 정말로 알지 못하기 때문에 말을 해주지 못하는 것이다. 무슨 말을? 이럴 때 우리를 괴롭히는 유일한 질문이자 결코 내뱉을 수 없는 질문은 이것이다. 아이가 살 수 있나요, 없나요?

우리에게 처음 말을 했던 의사는 아주 심각하면서도 심각하지 않다고 했다. 어쩌면 이틀만 지나면 나을지도 모른다고 했다.

희망을 품고 지켜보자고 했다.

나는 그 말이 하나도 믿기지 않았지만 너무도 믿고 싶었기에, 마음을 토닥여주는 그 말에 매달렸다. 무너진 믿음에 매달리려는 그러한 의지는 앞으로 걷게 될 행로 내내 우리의 여비가 될 것이었다.

 간절히 애원했음에도 우리는 아이를 볼 수 없었다. 나는 다시금 말의 사용법을 되찾았지만, 나지막이 기도하거나 큰 목소리로 애원하고 간청할 뿐이었다.

 병원에서 나가기 위해 한참을 걸어야 했다. 아들과 떨어진 채 맞이하는 첫 번째 밤이었다. 걸음을 뗄 때마다 우리는 아이에게서 멀어졌다. 아이에게 말도 없이, 무슨 일인지 설명도 하지 않은 채 아이를 혼자 남겨두었다는 느낌은 육체적으로 감당하기 힘들었다.

아이가 다시 집으로 돌아오지 못하리라는 걸 우리는 알지 못했다. 그런데도 세상은—소음, 빛, 속도—너무도 달라 보였다. 사실, '정상적인 시간'에 우리는 우리를 둘러싸고 있는 세상에 관심이나 기울이던가? 아니다. 보통 때 우리는 행복한 반복의 지속적인 흐름 가운데 산다.

그때부터 무엇에 베인 듯한 느낌이 사물과 존재에 대한 나의 인식을 온통 뒤덮었다. 내면을 베인 듯한 느낌, 피부 표면에 난 상처들, 나는 몇 주가 흐르도록 끊임없이 스스로를 뗐다. 그 모든 상처들에서는 진물이 흘렀고, 도무지 아물 줄을 몰랐다.

아이의 상태가 얼마나 심각한지조차 알지 못한 채 아이 없이 집으로 돌아가는 우리를 짓누르던 그 과중한 중압감을 어떻게 설명해야 할까? 우리는 먼 길로 돌아서 갔다. 차를 멀찌감치 세웠다. 집으로 올라가야만 했다. 그러지 않으면 이 조용한 도시에서 우리의 몸뚱이를 어쩌겠는가?

 부엌에 불이 켜져 있었던 걸 나는 기억한다. 아이의 방문을 열었다. 방 안쪽에는 아이의 기저귀를 갈고 옷을 입히고 파우더를 바르기 위해 탁자를 놓아둔 작은 욕실이 있었다. 그 안에 한 번도 사용한 적 없는, 녹슨 고물 욕조 하나가 있었다. 나는 수도꼭지를 열었다. 놀랍게도 따뜻한 물이 나왔다. 욕실 특유의 냄새가 났다. 흰 타일 위로 붉은 소독약 자국이 눈에 띄었다. 이날 아침, 바로 이날 아침에, 소독약 병을 쓰러뜨린 흔적이었다. 내 손가락에서는 그때까지도 소독약 냄새가 났다.

 나는 욕조 안으로 들어갔다. 욕조가 너무 작아서 등을 둥글게 말고 무릎을 접어야만 했다.

 꼭 태아처럼, 그렇게 있었다.

 나는 액체로 된 둥지 속을 파고들었다.

 은신처 같은 그곳에서 나는 편안했다. 그 냄새 속에서. 새벽 3시에 병원 사람들이 우리를 문밖으로 친절히 내쫓았을 때 나는 그 욕조 속에서 매일 밤을, 조각난 밤의 파편들을 보내고 싶었다.

우리는 언제나 희망을 품는다. 하지만 그 확신의 상태는 믿을 만하지도 평온하지도 않다. 그리하여 금세 신앙과 마법과 심지어 미신의 세계에까지 빠져들고 만다. 우리에게 닥친 일이 생각조차 할 수 없는 차원의 것이기에 그때부터는 상징의 세계 속에서 예외가 규칙이 된다.

나는 어떤 행동, 혹은 어떤 말을 하면 아이를 살릴 수 있을지 물어보기 위해 점쟁이를 찾아갔다는 사실을 밝히는 것이 부끄럽지 않다. 나는 집에 촛불을 밝힌 작은 제단까지 마련했다. 많은 가족들이 찾아와서 촛불을 밝히곤 하는, 오베르뉴 지방의 성당에서 볼 수 있는 그런 제단이었다. 할아버지는 맹목적인 믿음 따위를 무시하는 할머니 몰래 나를 그곳 성당으로 데려가곤 했다. 나는 기도를 다시 시작했다. 제대로 소화하지 못한 채 사르트르의 사상과 자유에 사로잡힌 수많은 청소년들처럼 술을 있는 대로 퍼마신 밤에는 버릇처럼 신에게 폭언을 퍼붓던 내가.

아들 없는 첫째 날 밤에 우리가 잠을 잤던가? 도무지 기억이 나지 않는다. 그날 이후로 낮과 밤의 질서가, 깨어 있음과 잠의 질서가 무너져버렸기 때문이다.

그 후 몇 주 동안 우리는 자신을 초월한 상태로 그처럼 강력한 절망 속에서 기적적인 힘을 찾아내야 했고, 희망에 대한 믿음에 중독되었다.

이튿날 아침, 브론테 자매가 우리와 함께 가고 싶어 했다. 우리에겐 거절할 기운이 없었다. 병원은 닫혀 있었다. 부모에게 닫혀 있었다는 뜻이다. 도대체 무슨 속셈입니까? 밤새 아이는 어땠나요? 어째서 도무지 아무것도 알 수가 없는 겁니까? 수간호사는 대답 없이 고개만 저었다. 나는 책임자를 만나겠다고 강경하게 말했고, 환자 수송용 엘리베이터를 타고 위층으로 올라갔다. 안 됩니다. 오후 1시에 다시 오세요.

언제나 그렇듯 그들은 부모의 불안에 아랑곳하지 않았고, 묻는 말에도 여전히 대답이 없었다.

그 침묵의 망치질 소리를 나는 지금도 기억한다. 그것은 아직도 내 머릿속 어딘가에서 울리고 있다.

문 앞에서 우리는 기다렸다. 움직이지 않고.

병원에서는 부모조차 꼼짝없이 덩치 큰 아기가 되고 말아서, 아기에게서 젖을 떼려 할 때처럼, 알고자 하는 욕구를 아무리 떼려 해도 소용없다.

  그렇게 우리는 대기실에서 꼼짝 않는 사람들 무리에 합류했다.

"우리는 아이가 우리를 기다리고 있었다고 확신했다.
지금까지도 나는 우리의 믿음이 옳았다고 생각한다."

아이에게는 아무 이상도, 아니 거의 아무 이상도 없었다. 하지만 알 수 없는 일이었다. 의사들도 모르는 경우가 있으니까. 실제로, 아이에게는 우리가 이름 붙이지 못하는 무언가가 있었다. 따라서 매우 심각할 수도 있었다.

우리는 미쳐갔다. 아무 이상도 없다면 왜 우리에게 분명히 그렇다고 말하지 않으며, 아이를 돌려주지 않는가?

아이가 감금되었다는 느낌이 들었다. 모든 게 그들에게 달려 있었고, 우리에겐 아무 힘도 없었다. 지금으로선 아이가 혼자서 호흡하지 못하기 때문이라고 그들은 말했다. 뭐라고요? 아이는 기계가 있어야 숨을 쉴 수 있습니다. 기계가 있어야 숨을 쉰다면 그건 심각하다는 뜻이잖아요. 어쩌면 그렇지 않을지도 몰라요, 하고 그들은 대답했다. 청소를 위해 다른 기계도 연결해두었어요. 청소라고요? 기관지 청소 말입니다. 지금 정상적으로 호흡하지 못하는 까닭이 바로 기관지에 있으니까요. 아이에게 기계가 둘씩이나 필요하다는 말인가요? 질겁한 아이 아버지가 더는 참지 못하고 의사에게 물었다. 제 말을 못 알아들으셨나요? 의사는 우리가 놀라는 걸 이해하지 못하는 듯했다. 방금 말씀드리지 않았습니까. 그는 우리의 질문에 서둘러 대답했을 뿐이다. 더 중요한 일이 많은데 시간을 빼앗기고 있다는 걸 우리가 알아주길 바라는 사람처럼, 참을성 없이.

게다가 아이를 보는 것도 여전히 불가능했다.

브르타뉴 연안 모래톱에 좌초한 배들. 불타는 듯한 색채의 초목을 그린 포스터. 태평양 바다 위로 지는 석양. 벽에 걸린 그림들은 한결같이 잘못 걸려 있었다. 모든 게 가짜였다. 꽃다발의 꽃조차도 그랬다.

그 방에서 우리는 오후 내내 기다렸다. 마스크를 목까지 내린 한 여자가 우리를 찾으러 왔다. 절 따라오세요. 아드님을 보게 해드릴게요. 그녀는 건물 위쪽으로 올라가는 게 아니라 복도를 따라가더니, 지하도를 거쳐 건물의 다른 구역으로 우리를 데려갔다. 우리는 도무지 영문을 알지 못했다. 물어볼 엄두도 나지 않았다. 다시 지상으로 올라왔을 때 그녀는 명찰 하나를 꺼내 보였다. 우리는 이중문을 통과했다. 그런 뒤 그녀는 또 다른 명찰로 다른 병동의 문을 열었다. 출입문 양쪽으로 옷을 갈아입는 방이 있었다. 머리에 간호사 모자를 쓰고 새하얀 가운을 입은 젊은 간호사가 내게 가운과 모자와 실내화와 마스크를 건넸다. 피부에 닿던 그 천의 감촉을 지금도 기억한다. 나처럼 서투른 사람은 혼자서 등에 달린 끈을 묶기 힘들었던 것도 기억한다.

또 다른 이중문을 두 개 더 통과했다.

초보 우주비행사 같은 꼴을 하고서 우리는 타일 바닥 위로 미끄러져 넘어졌다. 비장한 장면이었다.
여전히 영문을 모르는 우리는 두 마리의 둔한 곰 같았다.

소생실.

깜깜한 어둠 속에서 마치 전조등이라도 켜듯 두 눈을 부릅떴다.
시련을 겪느라 눈은 말라버렸다.
안와眼窩. 몸에 난 눈구멍을 사람들은 그렇게 부른다. 무엇을 보려고 눈을 그렇게 부릅떴을까?

그들은 말을 하지 않았다……. 어쩌면 부모들은 듣지도 못하고 이해는 더더욱 못 하는지도 모른다. 그러나 이곳에서 침묵은 멸시의 한 형태다. 그보다 더 나쁜 건 침묵이 불안을 배가하며 온갖 공포를 불러일으킨다는 점이다. 의사들이 아무 말도 하지 않는다면 그건 우리가 상상하는 것보다 사태가 훨씬 심각하기 때문이다.

이 병원 의사들은 몸짓은 하지만 말의 사용법은 잃어버린 것 같았다. 그들은 간호사에게만 말을 했다. 담당 부서가 바뀐다거나 근무를 교대할 때는 설명을 주고받았다. 언제나 같은 동료에게만 말을 했다. 자원해서 일주일에 한 번씩 아이들과 이야기를 나누러 오는 금발의 여자에게도 그들은 시간을 내주었다.

그곳은 사방에 구멍이 난 채로 망막한 곳에 좌초한 커다란 배 같았다. 청소부 아주머니들이 아무리 창문을 문지르고 타일 바닥을 소독약으로 닦아도 소용없었다. 병실로 이어지는 복도에서는 축축한 냄새가, 기름기 밴 축축한 냄새가 나서 역겨웠다. 어느 오후에는 바닥의 틈새로 이끼가 돋아나 있는 것까지 보았다.

그들은 할 수 있는 만큼 했다. 그들을 조금이라도 원망하는 배은망덕한 마음을 나는 품지 않을 것이다. 그들은 가진 에너지를 총동원했다. 우리 아들의 경우를 두고 그들끼리 토론을 했다. 우리 아들을 위해 그들은 아들을 침대에 묶어두기로, 두 대의 기계를 달아두기로, 코에는 관을 집어넣고 양쪽 팔에는 주사를 꽂기로 우리 없이 결정했다.

그들은 돌아오지 못할 여행을 위해 아이에게 괴상야릇한 장비를 입혔다.

그들은 우리에게 알려주지도 않고 아이를 우리한테서 떼어놓았다. 이제 나는 결코 아이를 품에 안지 못할 것이다. 왼쪽 뺨에 닿는 머리도, 내게 입을 맞추는 입술도 다시는 느끼지 못할 것이다. 아이를 안고서 배와 배를 맞대는 일도, 둘이서 행복에 겨워 허공에 발을 흔드는 일도 없을 것이다.

이 모든 것은 불가피했으며 중요하기까지 했다. 그걸 어찌 모를까? 하지만 어째서 아무것도 말해주지 않으며, 아무것도 설명해주지 않는 것일까? 우리 아들의 운명이 달린 의혹과 희망 들을 왜 우리와 함께 나누지 않는 것인가?

허공 속으로의 추락, 그것이 우리에게 마련된 운명이었다.

복도는 무척 길었다. 밖에는 마로니에나무로 이루어진 촘촘한 울타리가 마치 소나기가 내린 뒤의 연못 색깔처럼 푸르스름한 분위기를 자아내고 있었다. 간호사는 우리에게 따라오라고 했다. 복도 양쪽으로 환하게 불이 켜진 유리 감옥들이 있었고, 소리가 들렸다. 내 기억 속에 남아 떠나지 않는 그 소리는, 특정 기계들이 내는 망치질 소리와 또 다른 기계들이 내는 숨 가쁜 소리가 뒤섞인 규칙적인 소음, 거의 인간이 내는 것 같은 기이한 소리였다.

그곳은 기계가 가득한 방이었다.

너무도 작은 인간의 몸과 푸른빛, 회색빛을 띤 거대한 기계로 이루어진 방이었다.

나는 유리 감옥 속으로 앞장서 들어갔다. 반창고가 아이의 얼굴을 분할하고 있었다. 아이는 앞만을 응시하고 있었다. 마치 어떤 색채나 빛에 홀리기라도 한 듯했다. 아이는 좋아 보였다. 아주 좋아 보이기까지 했다. 아이의 얼굴은 평온해 보였다. 아이에게서는 침착함이, 힘이 뿜어져 나왔다. 곧 나는 깨달았다. 아이는 혼자서 싸우기로 작정했고, 스스로의 힘으로 이겨내야 한다는 걸 알았던 것이다. 싸움에서 이기려면 살려는 의지가 매우 중요하다고 의사들은 종종 말한다―자기 환자가 아닐 경우에나 하는 말이다. 이런 말을 하면 바보 같아 보이겠지만, 그때 나는 아이에게 존경 어린 감정을 느꼈다. 이제 겨우 걸음마를 배우고 옹알이밖에 할 줄 모르는 어린아이를 존경한다는 것이 가능한가? 아이는 결코 고갈되지 않을 에너지를 간직하기 위해 스스로 고립되기로 결심한 것이다. 의사들로부터, 의료진들로부터, 그리고 또한 우리로부터 고립되기로. 아이는 혼자였다. 나는 아이를 보자마자 그걸 느꼈다. 내가 안으려고 다가갔을 때 아이는 내 쪽으로 눈을 돌리지 않았다. 마스크와 모자 때문에 내가 간호사처럼 보였던 걸까? 아마도 그랬을 것이다. 나는 아이의 손을 잡았다. 누군가 우리에게 의자를 내밀었다. 아이가 묶여 있는 그 커다란 침대 양쪽에서 우리는 밤이 올 때까지 지키고 앉아 있었다.

그들은 밤 10시쯤에 왔다. 우리 아이를 맡고 있는 젊은 의사들이었다. 면회는 규칙상 저녁 8시에 끝난다고 인턴이 우리에게 설명했다. 우리가 이미 2시간의 은총을 입었다는—그의 이 표현을 어떻게 잊겠는가—것이다. 나는 애원하고 있었다. 몇 주간 내내 그런 모습으로 있게 될 터였다. 내가 불쌍해 보였던 모양이다. 인턴은 뜻을 굽혔다.

아이의 곁에 있어야 아이를 죽음으로부터 보호한다는 그 절대적 믿음, 그 불가해한 느낌은 최후의 순간까지 나를 따라다녔다. 훗날, 같은 상황에 처한 부모들과 이야기를 나누면서 나는 우리 모두가 몸과 몸이 하나가 된 상태, 함께 현존하는 상태로 살았으며, 그것이 돌이킬 수 없는 일이 생겨나지 못하게 막아주었음을 알게 되었다. 아이와 우리는 함께 있었다. 기계는 바깥에 있었고, 의사들도 바깥에 있었다. 아이에게 그들은 의사와 기계일 뿐, 보호자의 영역에는 들지 못했다.

그들은 새벽 2시에 우리를 문밖으로 내몰았다. 그곳에서는 밤이 조용히 찾아왔다. 인턴은 잠자리에 들고 싶어 했다. 걸음을 한 걸음씩 옮길 때마다 아이를 내버려둔다는, 아이를 저주의 먹이가 되도록 내버려둔다는 느낌이 온몸을 휘감았다.

땅속 깊이 내려가면 어둠은 균일하지 않다. 차츰 어둠에 익숙해지게 된다. 어린 시절의 악몽에서 들었던 웃음소리를 다시 듣게 된다.

눈을 뜬 채 꿈을 꾼다. 황금 모자를 쓴 빨간 악마들이 쉬지 않고 춤을 춰대고, 원숭이들이 커다란 성기를 흔들며 나무둥치 위에서 자위하는 걸 본다.

도무지 잠을 자지 않는데도 피곤하지 않다. 육체적으로 무척 강하다는 느낌마저 든다. 병원까지 쉬지 않고 달려가서 아이를 훔쳐내어 품에 감춘 채 무더운 이 도시로 있는 힘껏 다시 달려올 수도 있을 것 같다.

아파트에서 우리는 절대 불을 끄지 않았다. 우리는 밤새 어땠는지를 알기 위해 쉬지 않고 전화를 해대다가 병원으로 떠났다. 그들은 우리에게 좀 더 일찍 와도 좋다는 푸른 신호를 한 번도 주지 않았다.

우리는 이미 구걸하는 사람이 되었다. 규정들도 어겼다. 그들은 동정심에서 우리를 봐주었다. 처음에 우리는 잘 훈련된 군인처럼 행동했다. 마스크, 모자, 가운, 실내화를 빠짐없이 착용했다. 그러나 금세 눈속임하는 법을 터득했다. 간호사가 안 보는 틈을 타 어떻게 마스크를 벗고 아이에게 가까이 다가갈까, 어떻게 코와 코를 마주 대고, 입과 입을 대고, 아이의 눈에다 입술을 댈까? 아이의 반짝이는 눈에서 재미있다는 감정이 느껴졌다. 좋아하는 걸까? 십자가에 매달린 작은 그리스도처럼 묶이고 바늘에 찔리고 관을 꽂은 아이는 웃을 수가 없었다.

우리가 갈 때마다 아이는 눈을 뜨고 있었다. 우리는 아이가 우리를 기다리고 있었다고 확신했다. 지금까지도 나는 우리의 믿음이 옳았다고 생각한다.

아이는 더 이상 우리 소유가 아니었다. 하지만 우리는 못이라도 박힌 듯 떠나지 않으며 이 불행이 닥치기 이전의 아들에 관한 기억들을 복원하던 그 공간―내밀한 무균실―을 소유하게 되었다. 그리고 그때 하루가 흐르는 동안 아이의 침대 주위로 무언가가 재구성되는 듯한 느낌을 받았다. 투명한 알코올 냄새를 풍기는 그 세계에 우리는 우리의 냄새와 함께 들어섰다. 우리의 피부를 아이의 피부에 맞대었으며, 둘이서 아이의 손 하나씩을 붙잡고 있었다. 우리는 언제 감시꾼의 눈길을 벗어날 수 있는지 알고자 번갈아 보초를 섰다. 나는 머리를 아이의 배 위에 조심스레 얹었다. 그리고 아이의 피부 아래로 피가 흐르는 소리를 들었다. 생명의 소리를 들었다. 아이는 그 많은 관들을 꽂은 채 꼼짝 못 하도록 묶여 있었으나, 그 너머의 내면에서는 모든 게 계속되고 있었다. 그 점에 나는 마음이 놓였다.

의사들은 여전히 우리에게 아무것도 말하려고 하지 않았다. 가설을 세우는 건 우리의 몫이었다.

베네치아의 어느 버려진 구멍가게 창문 뒤에는 누군가가 크라프트지를 붙여놓았다. 그곳은 밤낮으로 불이 켜져 있다. 저녁이 되면 행인은 불빛이 그 두꺼운 종이의 물질성에 맞서 싸우고 있는 듯한 이상한 느낌을 받는다.

불투명성의 느낌, 어쩌면 그것인지도 모르겠다.

옛 장터에서 흔히 볼 수 있듯, 싸움꾼들은 싸움을 벌이기 전에 으스대며 자신들의 근육을 과시한다. 하지만 의사들은 우리를 상대하지 않았다. 싸움은 한 번도 일어나지 않았다.

폐가 손상되었고, 폐포는 망가졌다. 날마다 우리는 아이가 싸우고 있는 저 기계 가득한 공간을 드나드는 사람들 중 아무나 붙들고 정보를 구걸했다.

인공호흡기 수치를 확인하러 온 한 기계 전문가가 우리에게 말했다. 아드님은 나날이 자가호흡 능력을 잃어가고 있습니다. 오실로스코프를 좀 보십시오. 처음에는 산소 주입 농도가 낮았는데, 지금은 50퍼센트를 넘어섰습니다. 나는 기계가 고장 나면 어떻게 되는지 물어보았다. 그는 대답하지 않았다. 우리는 아들이 지쳤다는 사실을 깨달았다. 어쩌면, 아이가 잠정적으로 잃었을지도 모르는 것을 되찾기는커녕 사고 이전의 상태로 영영 되돌아가지 못할지도 모른다는 걸 깨달았다.

아이는 결코 포기하지 않았다.

이 말은 아무리 반복해도 충분하지 않을 것이다. 아이들도 용감할 수 있다는 말. 때로는 어른들보다도 훨씬 낫다. 아주 어린 유아들은 누구에게서도 전해 받지 못한 정신적 힘을 지니고 있으며, 그 힘으로 엄청나게 힘든 시련에 맞설 수 있다.

나는 아이가 잠들기 전에 빨기 좋아했던, 찢어진 기저귀 조각을 가져왔다. 그것을 몰래 아이의 베개 밑에 감춰두었다. 그러고는 마치 전리품이라도 되는 듯 지켰다. 병실을 나설 때, 몇 마디씩 즐겨 주고받던 성격 좋은 나이 든 간호사가 야간 근무를 한다는 걸 알게 되었다. 나는 그녀에게 그 작은 헝겊 조각이 부적처럼 베개 밑에 남아 있게 해달라고 부탁했다. 그녀는 그러겠다고 했다.

이튿날, 다른 간호사는 그걸 보자마자 버렸다.

그곳은 환자에게 유용하지 않은 것이라면 무엇이든 있어서는 안 되는 세계였다. 소아과 소생실이 탁아소도, 장난감을 두는 다락도, 임시로 물건들을 넣어두는 창고도, 응급실 디즈니랜드도 아니라는 건 나도 안다. 다행히 이후로는 상황이 달라졌다. 의사들이 심리학자나 정신분석가, 그리고 부모들의 말에도 귀를 기울이게 되었다. 로베르 드브레 병원의 소아과 소생실에서는 아이들이 저마다 열린 새장이 아닌 자기만의 방을 가질 수 있으며, 부모들에게는 장난감, 이불, 사진 등을 가져올 권리가 있다는 걸 확인할 수 있었다.

그러나 이곳은 의사들이 병의 원인을 알지 못하는 환자, 그래도 인위적인 삶의 구렁 속으로 떨어지지 않으려는 강렬한 의지를 보여 그들을 놀라게 하는 환자의 미래에 대한 불안감을 표현하기보다는 차라리 아무 말도 하지 않는 편을 택하는 그런 병원이었다.

이곳 의사들에게는 당혹해할 권리가 허용되지 않았다. 침묵과 상투적인 말이 그들을 지켜주었다.

그러면서도 그들은 남을 아프게 하는 말을, 결코 잊을 수 없는 말들을 내뱉기도 했다.

여느 날과 다를 바 없는 어느 날 밤, 집으로 돌아오던 길에 나는 엘리베이터에서 나오면서 문 너머로 전화벨 소리를 들었다. 새벽 2시에 누가 전화를 할까? 그즈음 우리는 아주 가까운 가족을 제외하고는 외부 세계와 모든 인연을 끊고 우리끼리 자족하며 살고 있었다. 우리는 연락이 두절된 상태였다. 우린 세상 밖에 있었다.

당직 의사였다. 얼른 오세요, 라고 그는 말했다. 아들의 마지막을 보고 싶으시면 얼른 오세요. 나는 무슨 말인지 하나도 알아듣지 못했다. 다시 말해보라고 했다. 우리는 방금 아들을 떠나온 참이었다. 그날 하루는 조용히 지나갔고, 인공호흡기의 눈금도 올라가지 않았다. 그는 "얼른 오세요"라는 말만 되풀이하고는 전화를 끊었다.

나는 그때 내가 어떤 심정이었으며 어떻게 다시 길을 거슬러 시내를 가로질러 갔는지 조금도 기억나지 않는다. 우리는 아무 말도 하지 않았다. 어쨌거나 우리는 이미 말을 하지 않거나, 해도 아주 조금만 하면서 살고 있었다. 우리는 그저 아들을 바라보다가 서로를 보곤 했다. 눈을 사용하는 일이 말을 사용하는 일보다 잦았다. 나는 침착했던 것 같다. 내 아들이 죽을 수 있다는 생각은 절대로 하지 않았다. 처음에도—이런 일은 여러 차례 있었다—그랬듯이, 이번에도 아들의 심장은 뛰기를 멈추지 않을 거라고 생각했다.

내가 옳았다. 간호사가 조용히 와서 문을 열어주었다. 그녀의 얼굴에서는 어떤 불안감도 읽을 수 없었다. 모든 게 정상입니다. 와서 보세요. 천사처럼 자고 있어요. 그때 우리는 어떤 악몽에서 벗어났던가? 반 시간 전에 우리에게 전화를 건 그 의사는 어디 있지? 아드님이 심각한 심장발작을 일으켰어요. 의사는 아들의 심장이 멈출 거라고 생각했던 것이다. 그는 이미 쉬러 가고 없었다.

　그날 밤, 우리는 병실을 떠나지 않아도 되는 권리를 얻었다. 간호사는 작은 부엌에 의자 두 개를 마련해주었다.

병원 맞은편에 있는 카페에서 두 인턴이 나누는 대화를 들었다. 그들은 환각 상태에 대해, 공기를 불어넣는 기계장치들에 대해, 반복되는 기계의 작동을 고통스럽지 않게 해주려고 그들이 주사기로 주입하는 물질에 대해, 유지하기 힘든 안정에 대해 말하고 있었다.

나는 언제나 평온한 아들의 눈길을, 깨어 있을 때면 거의 떠나는 법이 없는 그 가벼운 미소를 떠올렸다. 나는 입원 초부터, 그 모습을 아들이 제 나름대로 반응하는 방식이라고 해석했다. 겉보기에는 무기력해 보이지만 살려는 의지와 남다른 정신력을 보여주는 것이라고 여겼다. 내가 얼마나 고통스러운지 엄마, 아빠한테는 보이지 않을래요. 밀려오는 파도가 내 의지와는 반대로 나를 자꾸만 멀리 실어가는 이 바다에 맞서 싸우기 위해 난 온 힘을 모으고 있어요.

아이들은, 아주 어린아이들까지도, 유머 감각을 지니고 있으며, 세상과 거리를 두는 유익한 힘, 바로 냉소하는 힘을 금세 터득한다.

내가 정신적 태도로 여겼던 것이 단지 그들이 투여하고 있는 마약의 효과였단 말인가? 내 아들이 그런 지경에 놓여 있다고? 이 의문은 끝끝내 머릿속에서만 맴돌고 말았다. 나는 차마 말로 표현해내지 못했다. 그 물음을 제기할 수 없었던 건 그저 내 능력의 문제였을까? 나는 내 영역을 벗어나 있었고, 그들은 할 수 있는 만큼 하고 있었다. 그들에게 묻고 설명을 요구할 권리가 내게는 없었다. 아이는 그들에게 속했다. 우리가 그들에게 내준 것이다. 인공 공기, 유동식, 물약 등, 아이의 몸에 들어가는 것부터 시작해 모든 걸 그들이 결정했다. 아이는 그들의 것이었다.

왜 우리에게 아무것도 말해주지 않았죠?

왜 묻지 않았습니까? 내가 일 년이 지난 뒤 찾아가서 이제는 쓸모도 없는 질문들을 던졌을 때, 그들은 그렇게 대답했다.

내게는 그럴 힘이 없었기 때문이다.
그땐 말이 쓸모가 없었기 때문이다.
그때 우리는 거의 말을 하지 않았기 때문이다.

불안감이 말을 앗아갔기 때문이다.
알고 싶지 않았기 때문이다.
그들이 말하는 진실을 우리는 원치 않았기 때문이다.

하룻밤을 지내고 나면 하룻밤을 이긴 셈이었다. 시간을 이긴 것은 물론이요, 더는 아이를 구할 수 있으리라고 믿지 않던 의료진도 이긴 것이었다. 이 시절 그들은 우리에게 아무것도 말해주지 않았다. 하지만 근무 교대 때 나는 그들이 예전에 실시했던 한 연구 사례에서, 그들의 표현대로라면, 심각하고 중대하지만, 병이 더 진행되지 않은 채 안정적인 상태로 유지된 적이 있다는 사실을 알게 되었다.

우리는 불확실한 희망에서 기적적인 생존에 대한 광적인 믿음으로 넘어갔다.

아이는 살고 싶어 해요, 라고 나는 되풀이해 말했다. 그렇지 않다면 이미 오래전에 포기했을 거예요. 가장 힘든 고비는 지났어요. 이제 와서 포기할 수는 없어요. 아이는 우리가 여기 있다는 걸 알아요.

우리는 아이의 손을 쥔 우리의 손과 눈길로 모태처럼 아이를 감쌌다. 등을 동그랗게 말고 아이 위로 몸을 숙였다. 등

뒤편의 복도에서는 생명을 유지하기 위한 작업을 수행하는 소란이 계속되고 있었다. 그들은 마치 우리가 없는 것처럼 행동했다. 그러나 우리 또한 그들과 함께 있지 않았다. 우리는 아이와 함께 있었다. 추위로 얼어버린 아기 예수의 목숨을 암소와 당나귀의 숨결이 구했듯이 우리의 숨결로 아이의 몸을 녹여주었다.

우리는 규칙을 알지 못한 채 싸워야 하는 링에 올라선, 전혀 흥분한 기색 없이 피로에 취한 권투선수 같았다.

또다시 그들은 전화를 걸어왔다. 그들이 뭔가를 말할 때는 거짓된 이야기를 하기 위해서였다. 사실이 될 수도 있지만 결국 거짓으로 판명되는 이야기들이었다.

자동응답기에 음성메시지 하나가 녹음되어 있었다. 우리가 병원을 막 떠났을 때 그들이 전화를 건 것이다. 또다시 위급 상황이었다. 당직 의사는 우리가 어디에 사는지를 물었다. 나는 기억한다. 의사는 우리가 너무 늦게 도착하지 않을까, 하는 우려를 표했다.

어째서 그런 말을 하는 걸까? 책임을 벗어버리려고? 자신의 불안을 전이하려고? 불행의 무게를 던져버리려고?

그런 말을 듣는 부모의 심장은 터질 듯이 뛴다. 실크가 찢어지는 소리를 내며 폐가 찢어진다.

우리가 도착했을 때는 다른 부서에서 새로운 기계를 가지고 온 소생술 전문의가 아들의 폐를 강하게 압박하며 격렬하게 호흡을 살리려 하고 있었다. 간호사 세 명이 아이의 침대를 둘러쌌다. 강렬한 빛이 유리 감옥을 내리쬐고 있었다. 그 층 전체가 환하게 밝혀져 있었다. 내가 가까이 다가가자 아이는 내 쪽으로 눈을 돌렸다. 나는 아들이 나를 알아보았다고 확신한다. 나는 마스크 쓰는 걸 고의로 잊었다. 아이를 둘러싸고 있는 모든 사람이 마스크를 쓰고 있었다. 아직 아무도 말해주지 않았지만 고비는 넘겼다는 사실을 깨달았다. 의사는 가져온 기계를 떼어냈다. 그는 떠나기 전에 내 아들 위로 몸을 숙이더니, 마치 육체의 쾌락을 아는 경험 많은 노파처럼 아주 부드럽게 갈비뼈를 따라가며 아이의 몸을 마사지해 팔과 목 쪽으로 올라갔다. 그의 몸짓 하나하나가 나를 안심시켰다. 살아남기 위해 학대받은 저 몸을 마침내 제대로 돌본다는 느낌이 들었다. 아이가 내쉰 숨에는 단지 기계가 만들어낸 가스만이 아니라, 아마도 아이가 마침내 떨칠 수 있었던 불안감도 많았을 것이다. 의사는 오래도록 아이의 손을 어루만진 뒤 일어났다. 마치 고마움의 인사처럼 보였다. 또한 용기를 북돋우는 메시지이기도 했다……. 마치 참사를 숱하게 겪은 노장이, 말없이 결연한 태도를 보이는 어린아이 앞에서 모자를 벗는 듯했다.

우리는 습관을 갖게 되었다. 커피 자판기로 가는 습관. 이런저런 진료 때문에 대기실에서 다리 사이에 머리를 박은 채 꼼짝하지 않아 몸이 굳어버렸을 때 복도를 서성이는 습관. 이 거대한 병원은 이제 우리의 도시가 되었다. 그곳에 우리는 우리만의 경로와 의식과 산책로를 갖게 되었다.

하루는 별생각 없이, 가지 않던 복도로 접어들게 되었다. 그 새로운 복도는 내가 아들을 만나러 가기 위해 늘 가던 복도와 마찬가지였지만 사람이 거의 없었다. 네온등도 없었고, 기계음도 없었다. 병원은 황폐해가고 있었다. 여름이 시작되면서 모든 병동이 문을 닫았다. 그 층은 이미 오래전부터 제대로 작동하지 않고 있었다는 생각이 들었다. 보이지 않는 존재들이 느껴지는 그 장소를 나는 서둘러 떠났다. 그곳에 누가 살았을까? 누가 그곳을 떠났을까? 여름비가 쏟아졌다. 부식토 냄새가 작은 창으로 스며들었다. 나는 침입자마냥, 금기를 어긴 두려움에 사로잡힌 채 영혼들이 떠도는 그 헛간 같은 곳을 헤매었다. 감히 내가 무얼 할 수 있었겠나?

여자아이는 철제 침대 위에 앉아 있었다. 아이의 팔은 묶여 있었고 발목도 마찬가지였다. 주사약이 정맥 속으로 흘러들고 있었다. 온통 망가진 미키 인형 하나가 침대 기둥에 끼어 있었다. 가까이 다가가고 싶었다. 아이가 웃었다. 나는 말을 걸었다. 아이는 대답하지 않았다. 나는 아이의 손을 잡았다. 아이가 다시 웃었다. 간호사 한 명이 와서 플라스틱 주머니를 갈았다. "저 아이는 한 번도 말을 한 적이 없어요. 3년 전에 타나나리브*에서 왔지요. 부모도 가족도 없어요. 긴급 의료지원으로 실려 왔어요. 찾아오는 사람이 아무도 없었어요. 병원에서 이름 하나를 알아냈지요. 한 남자를 찾아냈는데, 그 사람은 딸이 없다고 했어요. 병원에서는 그가 병원비를 부담하지 않기 위해 거짓말을 한 거라고 생각한답니다. 저 아이는 그림을 그려요. 오직 그것밖에 하는 게 없어요. 그저 동그라미만 그려요. 우리 간호사 세 사람이 저 아이를 입양했지요. 부모가 아이를 인정하려 들지 않으니 우리가 알리캉트라는 이름을 붙여주었어요. 예쁘지 않습니까?"

---

* 프랑스 통치기에 불렸던, 마다가스카르의 수도 안타나나리보의 옛 이름.

나는 암울한 영역으로 들어선다. 모든 사람이 잊으려 하고 말하지 않으려는 오늘날, 나는 왜 이 글을 쓰는가? 그건 시간이 사태에 아무 도움도 되지 못하고 어떤 상처도 지우지 못하기 때문이다. 고통이 하나의 도의가 될 수도 있기 때문이다. 아픔이 동반자가 아니라, 당신을 밑바닥으로 끌어내리려 늘 유혹하는 자존심 없는 적이기 때문이다.

아이의 죽음과 더불어 살기. 더는 감추지 말기. 드러내지도 말기. 그 적정선을 어떻게 찾을 수 있을까?

누군가 내게 아이가 몇이냐고 물으면 나를 아는 사람들은 아연실색한다. 개중 몇몇은 용감하게 나서서 말한다. 여기 없는 아이가 하나 더 있지요, 라고. 현재 시제로 표현한다. 죽은 내 아들은 살아 있는 내 아이들의 형제다.

여권을 재발급하면서 그들은 죽은 내 아들의 이름을 지워버렸다. 직원은 아이의 생년월일과 사망일을 본 뒤 이전 여권에 적힌 아이의 이름 앞에다 '사망'이라고 적었다. 그리고 새 여권에는 아이의 이름을 옮겨 적지 않았다. 일부러 그런 걸까 아니면 빠뜨린 걸까. 늘 그렇듯이 나는 아무 말도 하지 않았다.

아들이 죽은 뒤 나는 죽음이 나를 데리러 올 차례이며, 그것을 모면할 수 없을 거라고 생각했다.

내가 생명을 준 존재가 생명을 박탈당했는데도 아직 살아 있는 나는 결코 속죄받지 못할 것이다.

사고 이후로 나는 죄책감을 느껴왔다. 그것을 털어놓을 용기를 갖기까지는, 그리고 오늘처럼 그것을 주장하기까지는 시간이 필요했다.

"비극의 주인공들에게는
시간이 정지되는 것 같다."

우리는 병원 마당에 트럭들이 세워져 있는 것을 점점 더 자주 보게 되었다. 나는 병원 로비에서 의료기를 나르는 작업복 차림의 사내들을 지켜보았다. 철제 난간, 강화 비닐봉지, 혈압 측정기 등. 그들은 그 기구들을 별 주의를 기울이지 않고 뒤죽박죽 쌓아 올렸다. 나는 길어진 휴가에 대해 이야기하고 있는 간호사들의 대화를 우연히 듣게 되었다. 바깥은 소란스러웠다. 사람들의 휴가 계획과 목적지가 내게는 낯설기만 했다. 나는 의료보험증을 다시 보여달라고 하던 직원에게, 우리에게 뭔가를 말하려고 하던 인턴의 거북스러운 미소에 좀 더 주의를 기울였어야 했다. 우리가 알지 못하는 무언가가 벌어지고 있었지만 우리는 병원의 전반적인 운영에서 가벼운 불균형밖에 느끼지 못했다. 새로운 분위기가 자리 잡고 있었다.

사실, 그들 모두 떠날 채비를 하고 있었다.

그들은 오직 한 가지 생각뿐이었다. 떠날 생각.

일하는 사람들 모두가 날짜를 세고 있었다.

아침이 끝날 무렵 우리가 도착했을 때, 그들은 난데없이 말했다. 곧 병원이 문을 닫을 겁니다. 우린 떠난답니다. 아드님을 위한 장소를 찾고 있어요.

나는 병원이 문을 닫을 수 있다는 생각은 한 번도 해본 적이 없었다. 여름 동안만이라고 했다. 그 기간을 이용해 공사를 할 겁니다, 라고 그들은 덧붙여 말했다.

비록 그곳은 우리에게 불행 속으로의 침몰을 의미했고, 그 유리 감옥이 아들이 겪는 시련의 공간이 되긴 했지만, 시간이 흐르면서 우리는 두려움을 거의 다 몰아냈다.

진실을 알고, 또 그것을 말해야 마땅한 사람들이 최악의 사태를 예고했었으니 이 병원에서는 이제 아무 일도 일어날 수 없었다. 죽음은 이미 격퇴되었다. 어쩌면 영원히.

두 번씩이나 의사들이 예고한 것을 뒤엎은 우리 아들이 어째서 죽겠는가?

우리에게 이 병원은 더는 아들이 목숨을 부지하는 장소가 아니라 아들이 살아가는 장소였다. 우리는 기다려야 한다는 걸 알고 있었다. 우리 아들에게는 힘을 회복할 시간이 필요했다.

인내심을 가지려고 애쓰던, 고요하고 평온한 시기에 그들이 우리를 데리러 왔다.

나는 생각을 거부했다. 우리 아들은 여러 대의 기계에 연결되어 있었고, 그 기계 하나하나가 생명을 유지해주고 있었다. 그 기계들을 조절하고 조율하는 전문가들과 간호사들의 주의 깊고 섬세한 동작은 내게 그 기계들과의 단절이 가져올 위험을 일깨울 뿐이었다.

한 가닥의 선이 아이의 생명을 지탱하고 있었다. 그 선은 항상 전기를 공급받고 있었다. 그런데 선을 끊으면 어떻게 생명의 흐름을 유지한단 말인가?

그 점에 대해서 나는 의문을 제기하지 않았다. 그들이 알 것이었다. 그들을 믿어야만 했다. 더구나 그러지 않고 달리 어쩌겠나?

하지만 아들의 이송 문제와 장소를 찾는 일에 대한 어려움을 말하면서 그들이 난색을 보였기에, 내 불안은 커져만 갔다.

날마다 나는 병원 마당에서 환자들을 실어 나르는 구급차들을 보았다. 들것에 실려 가거나 간호사들의 부축을 받고 가는 환자들은 늙거나 젊었지만 모두 어른이었다.

나는 소아과 소생실이 마지막으로 폐쇄될 병실이라는 걸 알았다. 실제로 우리는 황량해진 병원에서 며칠을 지냈다. 수위도 없고, 울타리도 없고, 이중문도 없고, 설명도 없었다.

그 후 소아과 업무도 느슨해졌다. 아이들은 인근 병원으로 떠났다.

우리 아이 혼자만 떠나지 않았다. 우리 아이는 대기 명단에조차 들어 있지 않았다. 그것이 문제가 된다는 걸 난 잘 알고 있었다. 나는 한 가지 가정을 상상했다. 한 팀이 남아서 우리 아이를 돌볼지도 모른다는, 우리 모두가 그 층에 남으리라는 가정이었다.

의기양양한 모습으로 그들이 왔다. 그들 세 사람은 우리에게 좋은 소식을 알리려고 유리 감옥 안으로 왔다. 경찰 오토바이가 몇 대 올 거예요. 나는 되물었다. 오토바이라고요? 그들은 경찰 오토바이를 얻어낸 것을 무척 자랑스러워했다.

우리는 병원을 마지막으로 떠났다. 아들은 기계 함대와 더불어 누운 채 침대에서 들것으로, 들것에서 구급차로 이송되었다. 구급차의 뒷문은 병원 응급실 복도로 직결되었다. 아이가 바깥 공기를 쐬기를 바랐는데. 파란 하늘을 볼 수 있게 해달라고 기도했는데.

그들은 망설이다가 결국 안 된다고 했다. 내게는 같이 탈 권리조차 없었다. 차라리 그게 나아, 하고 아이 아버지는 말했다. 그 대신 그들의 표현대로 '호위 행렬'에는 낄 수 있었다. 우리 자동차와 네 대의 오토바이뿐인 괴상한 호위 행렬이었다. 대개 호위 행렬이라는 말은 리본을 두른 자동차들이 줄지어 선 행렬, 친구들이 탄 즐겁고 떠들썩한 자동차 행렬을 가리킬 때 쓴다. 여정 내내 구급차의 사이렌 소리가 오토바이의 사이렌 소리에 더해졌다. 그 시끄러운 소리는, 내게는 영원처럼 길게 느껴지던 여정 내내 한 번도 그치지 않았다. 지금까지도 구급차 사이렌 소리만 들으면 두려움이 되살아난다. 2년 전에 시내에서 그와 똑같은 호위 행렬과 마주친 적이 있었다. 행렬의 배치도 똑같았다. 구급차 역시 소아과 전용차였다. 다른 구급차들과 달라서 쉽게 알아볼 수 있었다.

부모의 자동차가 뒤를 따라가고 있었다. 나는 머리가 핑 돌아 차를 멈춰 세워야만 했다.

비극의 주인공들에게는 시간이 정지되는 것 같다. 물론 삶은 계속된다. 현재를 저축할 수는 없다. 때로는 미래를 믿고 미래를 희망하기까지 했다. 그러나 너무도 부당한 일을 견뎌내도록 운명이 지목한 이 공동체, 말 없고 부끄러움 많은 일가족인 우리는 여전히 산 채로 껍질이 벗겨진 상태였다. 우리 기억 속의 상처들은 여전히 입을 벌리고 있다. 우리가 무엇을 하든지.

엄마라는 사람이 어찌 태평하게 살아갈 수 있을까?

나는 새 병원이 어디인지 알지 못했다. 우리는 시내에서 멀어졌다. 모든 것으로부터 동떨어진 거대한 종합병원으로 가는 게 아닐까 걱정이 되었다. 내게는 도시가 보호자처럼 느껴졌다. 나는 아이가 세상으로부터 단절되는 걸 원치 않았다. 비록 아이가 아무것도 모른다 할지라도.

우리는 묘지 뒤에 숨은 철도 위로 난 다리를 건넜다. 아주 큰 공원의 철책을 따라갔다. 그러다 옆길로 빠졌다. 사이렌 소리가 멎었다. 우리는 최후의 왕국으로 들어갔다.

"있는 힘을 다해 바라는 갈망을 현실로 여길 때
우리는 숱한 말들을 하고, 진심으로 믿고서
그 말들을 되풀이할 수 있다."

도시는—그 병원은 제 나름의 규칙과 체계와 리듬을 가진 하나의 도시였다—따뜻했다. 그곳에는 착한 아이 같은 분위기가 감돌았다. 고층 본관도 없었고, 끝없이 이어지는 복도도 없었다. 단층 건물들이 넓은 공원 안에 드문드문 흩어져 있었다. 모든 것이 사람 높이에 맞춰져 있었다. 나무가 우거진 길, 오래된 포석, 들꽃. 끝날 줄 모르는 여름의 끈끈한 불결함이 비집고 들어설 수 없을 듯한 그 비밀스러운 장소에 들어서니 기분이 좋았다.

소아과 소생실 건물은 바로 입구에 있었다. 건물 앞에는 두 그루의 벚나무가 자라고 있었다. 새들의 노랫소리가 우리를 맞아주었다. 어느새 이곳이 편안하게 느껴졌다. 걸을 수도, 바깥의 공기를 쐬러 나갈 수도 있었고, 그러다 단숨에 달려 금세 아들 곁으로 돌아갈 수도 있었다. 이곳에서는 모든 것이 높고, 차갑고, 접근하기 힘들었던 이전 병원에서처럼 세상과 단절되지 않았다.

여기에서는 모든 것이 정상적이었다. 어쨌든 보기에는 그랬다. 이곳 사람들은 서로 이야기를 주고받으며 가깝게 지냈다. 외부인에게 보람 없고 막연하고 쓸모없는 일을 하고 있다는 인상을 주지도 않았다.

이곳 사람들은 생명이라는 한 가지 목표를 지향하고 있는 듯 보였다.

이곳은, 존경스러운 교수를 중심으로 팀 전체가 하나가 되어 매일 밤낮으로 아이들의 생명을 구하기 위해 노력을 다하고 있었다.

이곳에서는 환대받고 존중받는 느낌이 들었다.

이곳에서는 환자의 부모도 공동의 문제에 대해 모든 것을 함께 나누는, 적극적인 파트너였다.

나는 지금도, 병실에서 나올 때 하늘을 보며 다시 기운을 차리곤 했던 걸 기억한다. 파리의 여름 하늘은 푸르지 않다. 첫날에는 세찬 바람이 불었다. 참새 한 마리가 벚나무 가지에 악착스레 매달리고 있었다. 남편이 내게 말했다. 우리 아들은 저 작은 새 같아. 열심히 싸우고 있으니 빠져나올 거야.

내일이면 비바람은 지나갈 거야.

따라서 우리는 다시금 희망을 품었고, 아마도 이 병원에서 여름을 지내게 될 것이며 셋이서 병원을 떠나게 되리라는 확신에 찼다.

우리는 버릇없는 체류자였다. 병원 규칙으로 금지된 것들이 우리에게는 허용되었다. 아침 진료에 참관하는 것, 그러고 싶을 때 밤새도록 병실에 남아 있는 것, 아무 때나 교수에게 전화하는 것 등이 그랬다. 그들은 듣기 싫은 소리를 하거나 싫은 기색을 보이는 적이 없었다. 언제나 한결같은 친절과 한결같은 능력과 한결같은 기품을 보였다.

우리 몸은 다시금 꼿꼿해졌다. 눈도 덜 부었다. 다른 사람들과 이야기를 할 기운도 되찾았다. 친척들에게 전화도 했다. 모든 게 잘 되어가고 있으며, 고비를 넘겼고, 아이는 회복될 것이고, 지난 일은 모두 곧 그저 좋지 못한 기억으로 남게 될 거라고 그들에게 말했다. 있는 힘을 다해 바라는 갈망을 현실로 여길 때 우리는 숱한 말들을 하고, 진심으로 믿고서 그 말들을 되풀이할 수 있다. 말로 내뱉음으로써 모든 게 사실이 되는 것이다.

그 병동 의료진 전체가 우리에게 희망을 가질 이유들을 제공했다. 우리는 꿈을 꾼 것이 아니었다. 아들은 나아지고 있었다. 아들이 놀라운 저항력을 보여주고 있다고 교수는 말했다. 몸무게까지 조금 늘었는걸요, 하고 그는 덧붙여 말했다. 아드님의 몸이 스스로 방어할 뿐만 아니라 공격적으로 변하고 있다는 의미지요. 교수가 다시 설명했다. 현재 우리는 정지된 시간 속에 있습니다. 지금으로선 아드님을 살리기 위해 얼마나 많은 시간이 걸릴지 말해줄 수 있는 사람은 없습니다.

교수는 '살린다'라고 말했다. 우리로선 그것으로 충분했다.

우리는 악몽은 끝났고, 이제는 변화하는 시간 속에 살고 있으며, 미래의 계획을 세울 수 있다고 믿고서 환상에 사로잡힌 채 몽롱한 상태로 3주를 보냈다.

지금 돌이켜보면 어떻게 그토록 눈이 멀었던 것인지 이해되지 않는다. 그 정도로까지 나 자신에게 진실을 감출 수 있었다는 사실이 부끄럽다. 그 시절 나는 어떤 무의식 상태에 빠져 있었던 걸까? 나의 눈먼 갈망 때문에 아이에게 가장 힘이 필요한 순간에 내게서 필요한 힘을 끌어내지 못한 건 아닐까?

우리는 무척 강인해졌고, 이긴다는 확신에 차서 참으로 믿기 힘든 시나리오들을 지어냈다. 우리 아들에게 닥친 일을 이해한다는 게 우리로서는 불가능했기 때문에, 병의 과학적 원인들은 제쳐두고 회복을 촉진할 수 있을 가설들만을 상상했다.

그렇다, 우리는 어서 빨리 아이를 데려가고 싶었다.

아이 또한 그것을 원했다. 아침에 내가 도착하면 아이는 눈으로 인사를 했다. 이전 병원에서는 꼼짝 않던 아이의 시선이 움직임을 보였다. 우리는 서로 바라보며 이야기를 나눴다. 아이는 잠을 자기 위해 눈을 감겠다는 것까지도 내게 알려주었다. 나는 아이와 눈으로 소통했다. 손도 이용했다.

처음으로 그 말을 꺼낸 사람은 사고가 나던 날 아이를 돌보던 젊은 보모였다. 의사들도 설명하지 못한다고 내가 그녀에게 말하자 그녀는 곧장 자기 나름의 설명을 내놓았다. 저주의 눈길 때문이라는 것이었다.

그래서 나는 바르베스에서 벨빌로 이어지는 이상한 여행을 떠났다. 느릿느릿 말하는 늙은 현자들의 예언과 입심 좋은 가짜 주술사들이 늘어놓는 긴 연설에 귀를 기울였다. 나는 그들의 집을 찾아갔다. 그곳에는 박제된 동물들과 그들이 숭배하는 신의 형상들이 가득했다. 나는 그들이 내미는 음료를 마셨고, 형상을 만졌으며, 그들의 기도를 따라 했다. 그 모임에서 떠나올 때면 다리가 휘청거릴 정도로 녹초가 되었고, 죽고 싶을 정도로 수치심에 사로잡혔다. 그런 궁여지책을 믿고, 그런 거짓된 의식에 동참했다는 수치심. 종족과 마을과 가족으로부터 멀리 떨어져 지표 없이 살아가고 있는 저 모든 유배자들을 거덜 내고 사취하려고 그들의 풍습을 흉내 내는 사기꾼들의 손안에서 떠도는 아프리카 망령들에 동조하는 척한 것에 대한 수치심이었다. 그런 곳을 드나드는 사람은 주로 여자들이었다. 여자들은 있는 대로 치장하고—수놓은 헐렁한 상의를 겹겹으로 걸치고—한 무리의 아이들을 데리고 와서 대기실에 남겨두었고, 그 대기실에서 나는 종종 오래도록 기다렸다. '만병통치사'라고 불리는 사람들은 내게 기운을 북돋아주려고 베텔^{betel}*을 건넸다. 그걸 씹으니 구역질이 났고, 잇몸은 온통 핏빛이 되었다. 그때 나는 감히 나를 비웃으려 드는 사람이 있다면 물어뜯을 태세가 되어 있었다. 어쨌거나 그 사실을 아는 사람은 없었다. 그 주술사들 가운데 한 명에게는 아이의 옷을 가져다줘야만 했다. 또 다른

---

* 아시아 남부와 동인도제도에서 널리 재배되는 후춧과의 식물. 세계 인구의 10분의 1 정도가 이것을 습관처럼 씹는다.

주술사에게는 내 어린 시절을 이야기해야 했고, 이웃들이 어떤 사람들인지 묘사해야 했고, 돈을 줘야만 했다. 언제나 더 많은 돈을 가져다줘야 했다. '만병통치사'는 흰 젤라바djellaba 차림으로 메카에서 축복받은 양탄자에 앉아 여러 차례 절을 했다. 그는 내게 두 번이나 투명한 액체를 마시게 한 뒤, 눈을 감으라고 했다. 그러고는 천 조각을 하나 주면서 아이의 방에 있는 베개 밑에 넣어두라고 명령했다. 나는 시키는 대로 했다. 또 한 번은 내가 보는 앞에서 제물로 닭의 머리를 자르기도 했다. 플라스틱 대야에 피를 받았고, 붉은 꽃으로 원을 그려 그 가운데에 그것을 놓았다. 나는 이 모든 걸 눈썹 하나 까딱하지 않고 받아들였고, '만병통치사'가 사진을 보고서 하는 말을 듣고 안심했다. "당신 아들은 강해. 아직은 죽지 않아."

그 만병통치사가 아들에게 저주를 건 사람이 보모라고 말하던 날 나는 도중에 뛰쳐나왔다. 나는 죄책감에 짓눌렸고, 증오심을 불러일으키는 그따위 미신을 믿었다는 사실에 낙담한 채 병원으로 돌아왔다.

내 아이가 겪고 있는 시련의 유일한 책임자이자 죄인은 나였다. 가장 유능한 의사들도, 가장 경험 많은 주술사들도 그것만큼은 어찌지 못했다. 아이의 호흡이 불규칙해졌을 때,

아이 몸의 기능적 균형에 장애가 발생했을 때 아이의 곁에 없었던 내가 죄인이었다.

  인턴은 병동의 행정실에 위치한 자신의 작은 방으로 우리를 불렀다. 우리 아들 같은 환자를 대할 경우 그로서는 우리의 입장을 알 필요가 있었다. 그는 우리가 아들의 진료기록을 북미와 인도에 있는, 소아과 소생실 장기 입원환자 전문의들에게 보여주는 걸 허락하는지 알고 싶어 했다. 우리는 의논도 해보지 않고 그 자리에서 허락했다. 그것을 계기로 우리는, 전 세계의 소아과 전문의들이 희귀한 환자들의 사례에 관해 팩스로 쉬지 않고 의견을 나누고 있다는 사실을 알게 되었다. 유럽에 있는 본부를 관할하는 사람이 바로 우리 아들이 있는 병동을 통솔하는 교수였다. 이튿날엔 그 교수 역시 우리와 이야기를 나누고 싶다고 했다.

그는 느릿느릿 움직였다. 그의 몸짓은 태극권의 아름다운 동작을 떠올리게 했다. 나는 그가 의료진과 더불어 회진을 돌 때 몰래 그를 지켜보았다. 먼저 그는 환자의 방에 반드시 혼자 들어갔다―그는 내가 본 의사들 가운데 이렇게 행동한 유일한 의사였다. 그는 아이에게 가까이 다가가서 손을 잡고 얼굴을 어루만졌다……. 기계들을 확인하기 전에 그는 아이를 바라보고 아이에게 말을 걸었다. 그러고 나서야 그는 의료진들을 가까이 오게 했다.

그는 키가 아주 작았으며 행동이 매우 조심스러웠다. 그의 조수는 휘청거릴 정도로 키가 크고 행동이 부산스러웠다. 두 사람은 단단히 결속된 기이한 단짝으로, 서로를 존중했다. 간호사들, 청소부들, 직원 모두가 그들을 존경했다. 그 병동만이 아니라 병원 전체가 그들을 존경했다―이 사실을 나는 나중에서야 알았다.

그는 우리를 자신의 연구실로 불렀다. 철제 블라인드 위로 어린아이들 사진과, 불 켜진 에펠탑과 노을이 진 바하마 해변 그림의 엽서들이 붙어 있는 누추한 방을 가리키기에 연구실이라는 말은 너무 거창했다. 그가 말하는 동안—그는 아주 천천히 말했으며, 우리가 이미 알고 있는 사실을 다시 말했을 뿐, 예측하거나 계획을 세우려 하지 않았다—나는 그의 손을 보았다. 그의 손은 더없이 섬세해서 꼭 아이의 손 같았다. 그는 자신도 모르게 두 손을 맞잡고 놓을 줄을 몰랐다. 마치 기도라도 하려는 것 같았다. 나는 이 면담이 지난 몇 주간 단련된 우리보다는 그에게 훨씬 힘든 것임을 깨달았다.

우리 아들은 계속 좋아졌다. 규칙적으로 몸무게가 늘었을 뿐만 아니라 건강한 아이들이 웃으며 차가운 바다에서 나올 때 몸에 생기는 옅은 보랏빛 반점들이 팔다리에 나타나기도 했다. 건강한 징조라고 당직 간호사가 웃으며 말했다. 전보다 반응이 좋아졌어요. 내가 있다는 걸 느껴요, 하고 그녀는 덧붙였다. 그 사실은 우리도 알고 있었다. 아이를 돌보는 모든 사람의 공모 덕에 우리는 병실을 아이의 사적 공간으로 만들 수 있었다. 우리가 찾아가면 아이는 우리를 기다리고 있었다. 항시 몸 위로 내리꽂히는 인위적인 불빛에도 불구하고—기계들을 지켜보기 위해 언제나 불을 켜놓아야만 했다—아이는 낮과 밤의 리듬을 이해하는 듯했다. 낮에는 눈으로 말을 했고, 밤이 되면 눈을 감았다.

　나는 요술 칠판을 하나 가져와 침대 머리맡에 두었다. 내가 칠판 왼쪽에 마수필라미*의 꼬리를 길게 말아서 그리자, 엄격하기로 이름난 당직 인턴조차 웃었다. 조금씩 집에 있던 물건들—장난감, 목욕 수건, 향수—이 병원으로 옮겨져 왔다. 나는 아이가 누워 있는, 소독약 냄새가 나는 천보다 덜 까슬한 시트까지 가져왔다.

모든 점에서 삶은 한결 부드러워졌다.

---

* 만화 캐릭터로, 노란 털에 검은 반점이 박힌 고양잇과 동물.

"이후를 산다는 건, 불안의 장막이
낮의 빛을 가린 어둠 속을 사는 것이다."

길을 잘못 들었다.*

아들에게 닥친 일을 이렇게 부른다고, 그가 말했다. 그는 정상적 경로와 치명적 기능장애를 묘사하고 설명했으며, 차오르는 물과 감염과 손상된 폐포벽에 대해 이야기했다. 그는 쉬지 않고 말했지만 나는 듣고 있지 않았다. 길을 잘못 들었다. 그 표현에 사로잡힌 채 나는 아무것도 이해하고 싶지 않았다.

유감스러움을 담은 평범한 말이자 강한 상징적 울림을 품은 그 표현을 그들은 두 번 다시 사용하지 않을 것이다.

아들이 죽었을 때 진료기록에는 이런 말이 적혔다. 돌연사.

---

* 음식물 따위가 식도가 아닌 기도로 잘못 들어가 호흡곤란을 일으키는 '기도 흡인'을 뜻하는 표현이다.

우리는 기계들에 익숙해졌다. 기계들이 내는 소리에, 그것들이 발산하는 불빛에, 그려내는 기호들에, 기계들의 호흡이 주는 리듬에 익숙해졌다. 폐 속으로 공기를 주입하는 기계는 거의 인간적인 소리를 냈다.

초록색을 기억한다. 그 색은 모든 것이 정상임을 나타냈기에 마음이 놓였다. 그 색이 빨간색으로 바뀌고 몇 초가 지나면 간호사를 불러야 했다.

얇은 종이 위에다 사인sine 곡선을 그려내는 심장박동의 주기를 나는 잊지 못할 것이다.

투명한 액체로 채워진 투명한 비닐 주머니들이 내는 소리도 있다. 그 주머니들이 비게 되면 우리는 소스라치게 놀랐다.

아무것도 움직이지 않고 불도 켜지지 않는다면 심각한 상태를 의미했다. 기계들의 표현이 지나치게 많아지면—불빛, 날카로운 소리—매우 심각한 상태였다. 그 둘 사이에서 항해해야만 했다. 소리를 비롯한 감각으로 이루어진 이 환경의 포로가 되어 우리는 마치 우리의 감시가 병마를 물러나게 할 수 있기라도 한 듯, 꿈쩍 않는 보초처럼 근육을 긴장시키고 신경을 곤두세웠다.

어느 날 아침, 나는 18개월 아이용 파란색 바지 하나를 샀다. 그것을 병원으로 가져갔다. 그들은 내가 바지를 아들에게 입히도록 내버려두었다. 반쯤 입히고 나니 아들은 한층 더 우리 가족처럼 보였다. 마치 언제라도 떠날 수 있을 것만 같았다.

어느 날 저녁에는 병원에서 돌아오는 길에 FM 라디오에서 들은 재니스 조플린의 노래 한 곡이 야성적인 힘으로 내 폐를 채워주었다.

이날 저녁, 집으로 돌아온 나는 미처 깨닫지도 못한 채 욕조 속에 웅크리고 눕는 의식을 그만두었다. 나는 침대에 누워 이불을 덮고서—여름이었는데도 나는 추위에 떨었다—책을 읽었다. 외울 정도로 잘 알고 있는 책들을. 지금은 떠나고 없는 한 친구가 언젠가 자신은 아는 작가들의 책만 읽으며, 새로운 책을 펼치기를 거부한다고 이야기한 적이 있었다. 그런 반복적인 독서에서 그는 강렬한 흥분을 느끼곤 했다. 나는 그가 그랬던 이유들을 이제 이해한다.

우리가 막 도착했을 때 병동에는 한바탕 소동이 일었다. 교수는 우리에게 뭔가를 말하고 싶어 했다.

'정상적' 흐름이 끊어질 때마다 내 심장은 쿵쾅거리며 뛰었다. 교수 곁에서 그의 조수가 숫자가 적힌 엑스레이 사진들을 붙이고 있었고, 다른 사람들은 통계표를, 또 다른 사람들은 그래프들을 붙이고 있었다. 그 모든 자료에는 내 아들의 이름이 적혀 있었고, 날짜가 기록되어 있었다. 어떤 것들에는 시간까지 표기되어 있었다.

나는 떨었다.

교수는 부드러운 목소리로, 우리의 눈을 똑바로 쳐다보면서 말을 꺼냈다. 그는 숫자도 언급하지 않았고, 진단도 내리지 않았으며, 폐활량에 대해서도, 폐포 조직에 대해서도 말하지 않았다. 그는 우리가 잘 걷는지를 물었다. 그 말을 이해하는 데는 시간이 걸렸다. 그러더니 그는 종이에 산 하나를 그렸다. 오르막의 거의 꼭대기 즈음에 십자 표시를 했다. 그는 함께 힘을 합쳐 걸어가는 우리가 그즈음에 와 있다고 말했다. 우리가 거의 다 이겼다고 말했다. 그는 '거의'라는 말을 강조했다. 아드님의 저항과 우리의 새로운 치료 덕에 자가호흡 능력을 어느 정도 회복했습니다. 사흘 전부터 기계의 도움을 낮추었는데도 나쁜 결과가 나타나지 않았습니다. 이건 세심하고 까다롭고 어려운 작업입니다. 하지만 거의 꼭대기까지 왔습니다. 앞으로는 승리를 외치지 않고 아주 천천히 내려가야 할 것입니다. 그런 다음 기계를 떼는 단계를 시작할 것입니다. 그러고 나면 전혀 다른 국면에 접어들게 될 겁니다. 그때는 뒤로 되돌아가게 될지도 모른다는 걱정 없이 인내심을 발휘하셔야 할 겁니다.

거의. 분명히 말씀드립니다만, 정상이 손에 닿을 거리에 있습니다. 그는 미소를 지어 보였다. 하지만 무너질 위험도 잊지 맙시다. 그는 오래도록 우리의 손을 잡았고, 우리와 함께 아이의 침대 머리맡까지 다가갔다.

그처럼 믿음직한 말에 대해 우리는 따로 우리끼리 이야기를 나누지 않았다. 의학적 지식이 전혀 없었음에도 우리는 그가 이제 막 우리에게 알려준 사실을 이미 느끼고 있었던 것이다. 오늘에 이르러 나는 어떻게, 그리고 어째서 부모들이 의학적 진실을 알려주기도 전에 마음속 깊이 직감적으로 자기 자식의 상태를 느낄 수 있을까, 하는 의문을 품어본다.

어째서 나는 그 든든한 말을 그토록 되풀이했을까? 아무리 되풀이해도 싫증 나지 않았다. 나는 그 말에 취했다. 가족에게, 친구에게 나는 우리가 결정적인 단계를 넘어섰으며, 의사들이 처음으로 낙관적으로 변했다고 이야기했다. 나는 '거의'라는 말은 잊어버렸다. 고의로 잊었다. 나는 아이가 나을

게 확실하지 않다면 그가 그렇게 말하지 않았을 거라고 마음속으로 되뇌었다. 누구나 그렇듯 의사들―특히 우리와 함께 있었던 의사들―역시 믿음과 희망을 품을 필요가 있다는 사실 또한 나는 잊었다.

이튿날 한 여자아이가 나갔다. 간호사들은 파티를 준비했다. 그 아이는 마치 생일이나 된 것처럼 선물들을 받았다. 병실 책임자는 휴대용 CD 플레이어를 가져왔다. 우리는 사과 주스를 마시며 동요를 들었다. 기분이 묘했다. 모두가 병실 가운 색인 파란색 차림이었다. 꼬마 소녀까지도 그랬다. 아버지의 무릎에 앉은 그 아이는 기계를 제거했지만, 주사는 꽂고 있었다. 그 때문에 움직일 수가 없었다. 아이는 소생실을 떠나 소아과로 가는 것이었다. 그러니까 소생실에서 나가는 게 가능한 일이었다. 이동 침대가 준비되었다. 아이의 부모는 아이와 함께 떠났다. 아이는 균형을 잃을 위험을 무릅쓰고 우리에게 손을 흔들기 위해 뒤를 돌아보았다. 나는 그 소녀가 단지 몇 초뿐일지언정 하늘빛을 본 건 큰 행운이었다고 생각했다.

우리는 무기력 상태에 빠졌다. 똑같은 행동을 반복하고, 똑같은 의식을 이행했다. 우리는 우리만의 습관들에 익숙해졌다. 침대 양편에 등받이 없는 의자를 하나씩 두고 자리를 잡았다. 몇몇 사람들과 친근한 관계를 맺었고, 진료 때 그들과 이야기를 나누곤 했다. 하루가 우리에겐 짧게 느껴졌다. 진찰하는 동안에는 병실에서 나와 있어야 했다. 어느 날 나는 남아 있게 해달라고 부탁했다. 기계 전문가가 기계를 청소하는 동안 물리치료사가 아들의 호흡을 도와주러 왔다. 나는 수없이 자문해보았다. 아이가 15분 이상 기계 없이 숨을 쉴 수 있다면 왜 점차적으로 기계를 떼려고 시도하지 않는 것일까? 의사들이 아이를 믿지 못해서일까? 회복 과정이 정체되고 있는 건 아닐까? 나는 이 같은 의문들을 감히 소리 내어 내뱉지 못했다.

물리치료사는 털이 북실북실한 커다란 손으로 내 손을 잡았다. 기계의 선들이 뽑혔다. 나는 마침내 매끈하고 자유로운 내 아들의 상체를 보았다. 나는 아이를 앉히고, 사고 이후 처음으로 품에 안을 수 있었다. 물리치료사는 내게 자리를 비켜달라고 매우 정중하게 부탁했다. 나는 아들이 당황하지 않고, 어려움 없이 혼자서 숨 쉴 수 있다는 걸 확인하고서 기쁘고 뿌듯했다. 아이는 겉보기에 아무런 장애도 보이지 않았다. 그 저주스러운 기계를 보며 종종 나는 그것이 멈추기라도 하면 아이가 모래 위에 떨어진 물고기처럼 되지 않을까, 하는 생각을 했었다.

　물리치료사는 아이를 눕히고 배와 팔에다 향유를 발랐다. 아이는 긴장을 풀었고, 기분 좋다는 표시로 목을 움직였다. 그는 아이에게 웃어 보였다. 커다란 손으로 갈비뼈 위를 세게 눌렀고, 그러자 아이의 머리가 기계적으로 들렸다. 아이는 고통스러워했다. 헐떡이는 숨소리까지 새어 나왔다. 아이가 아파하는 게 분명했다. 나는 물리치료사에게 그만하라고 했다. 그는 마사지를 계속하며 내게 나가달라는 손짓을 했다. 간호사가 나를 데리러 왔을 때는 이미 기계가 다시 제자리를 찾은 뒤였다. 아이는 다시금 장비를 잔뜩 달았다.

내가 '길을 잘못 들었다'라는 말을 되풀이했을 때, 누군가가 어떤 나이 든 부인의 이야기를 들려주었다. 무척이나 고상했던 그 부인은 지난겨울 점심 식사를 하는 동안 사람들이 보는 가운데 '길을 잘못 들었다'. 그녀가 병원에 도착했을 때 이미 때는 늦었다. 이 이야기를 하던 사람은 질겁한 내 얼굴을 보고 "그렇지만 그 부인은 아주 연로하고 지쳐 있었어요"라고 덧붙여 말했다.

이날 아침, 진료가 끝난 뒤 당직 간호사는 나와 이야기를 하고 싶어 했다. 그녀는 자신이 첫째 아이를 가졌다는 사실을 얼마 전에 알았고, 그 사실을 교수에게 말하고 싶었다. 그녀는 교수에게 자신이 꾸는 악몽과 두려움, 떠나지 않는 불안감에 대해 이야기했다. 교수는 부서를 바꾸라고 권했다. 그녀는 올해 들어 엄마가 될 사람으로 그 병동을 떠나는 세 번째 간호사였다. 그녀는 울면서 미안하다고 했고, 레미를 너무도 좋아한다고, 레미가 낫게 될 거라고, 만나러 오겠다고 말했다. 나는 그녀에게 축하한다고, 그녀의 결정을 깊이 이해한다고 말했다. 그러면서도 매일 아침 우리에게 아들이 밤새 어떻게 지냈는지 이야기해주던 믿음직한 그녀가 내일이면 없겠구나, 싶었다.

나는 그녀와 함께 울었다.

교수의 조수가 우리에게 미국에서 온 좋은 소식을 전했다.

아들과 같은 나이의 한 아이에게 이식수술이 행해질 것이라는 소식이었다. 처음 며칠은 모든 게 잘 진행되었다. 캐나다와 인도에서 우리 아들과 관련된 팩스가 병원 사무실로 쉬지 않고 도착했다. 날마다 새로운 분석들이 도착했다.

 마음은 평온했다. 우리는 아들과 함께, 아들 때문에, 아들을 위해 살고 있었다. 시간은 움직이지 않는 것처럼 보였다. 시간은 우리 편이었다. 또 하루를 벌었다. 모든 게 정지된 가운데 우리는 우리가 이 세상 너머에 있다는, 확신에 가까운 감정을 느꼈다. 감히 운명에게 호통까지 칠 기세였다. 우리는 이제 희망의 시기가 아니라 회복의 시기에 서 있을 정도로 무례했다.

 아이들에게 면회가 허용되었다. 아이들은 보고 싶은 마음과 두려움을 안고 왔다. 아이들에게는 병실 문을 넘어서지는 못하고 멀리서 바라보는 것만 허용되었다. 그 많은 기계 가운데 누운 채 철제 침대에서 옴짝달싹하지 못하는 동생을 보고서 아이들이 공포에 사로잡힌 것을 나는 보았다. 그래서 나는 마치 내가 한 조각의 진실이라도 쥐고 있는 양 아이들에게 설명했다. 아이들의 눈에 어린 공포를 보고 나는 내가 더 이상 내 앞에 주어진 것을 보지 못한다는 걸, 이미 몇 주 전부터 추상적이고 거짓된 집을 짓고 있었다는 걸, 잔인한 운명과 타협했다는 걸 깨달았다. 아이들을 데려다주는 차 안에서는 아무도 말이 없었다.

이날 밤, 다시 나는 잠들지 못했다.

우리는 더 이상 휴가 계획을 세우지 않았다. 긴 여름이 될 것 같았다. 시장에서 머릿수건을 쓴 한 할머니가 행운을 가져다준다며 붉은 제페토* 인형 하나를 내게 내밀었다. 할머니가 왜 내게서 돈을 받으려 하지 않았는지는 지금도 알지 못한다. 그냥 가져. 내가 주는 거야. 심지어 화를 내기까지 냈다. 나는 그 귀중한 선물을 아들의 방에 가져다 놓았다.

우리는 병원에서 아이에게 예전보다 훨씬 강도 높은 주의를 기울이고 있음을 알아차렸다. 새로운 의사 한 명이 다른 병동에서 기계들을 가지고 왔다. 그는 아이를 진찰하더니 아무 말 없이 떠나갔다. 우리는 치료 과정에 말로 표현하기 힘들 정도로 미세한 방식의 변화가 있음을 감지했다. 그러나 그 누구도 우리에게 와서 알려주지 않았기에, 우리는 판단력을 잃지 않으려고 그 변화를 우리가 고지식한 탓이라고 여겼다.

---

* 피노키오를 만든 목공 할아버지.

그들은 무슨 일이 일어나고 있는지 알지 못했다. 그래서 아무 말도 하지 않았다. 달리 어쩔 도리가 없었다.

진료 때마다 교수는 언제나 특유의 인간미와 강인함을 보이며 우리에게 말했다. 하지만 더 이상 산도, 정상도, 오르막길도 이야기하지 않았다. 우리는 아무 말이 없는 건 아무 일이 없기 때문이라는 환상에 갇힌 채 아무 말도 하지 않았다. 심각한 건 아무것도 없다. 우리는 날이 갈수록 그 침묵에 만족했다.

다시금 우리끼리도 점점 말수가 줄어들었다.

임신한 간호사를 대신해서 온 간호사는 성격 좋고 상냥한 노부인이었다. 그녀는 나를 무척 가엾이 여겼으며 내가 몹시도 지쳐 있다고 생각했다. 나는 그녀가 쉬라고 하면서 나를 집으로 돌려보내려고 애쓰는 걸 좋아하지 않았다.

교수의 조수가 우리를 부르더니 이튿날 똑같은 병을 앓고 있는 아이에게 폐 이식수술이 진행될 것이라고 말했다.

나는 약간 늦게, 숨을 헐떡이며 도착했다. 처음에 나는 파란색 가운 차림의 두 남자가 기계를 바꾸고 있다는 걸 알아

차리지 못했다. 아마도 내가 새하얗게 질렸던가 보다. 간호사는 나를 앉히더니 맥박을 쟀다. 내 아들은 눈을 동그랗게 뜬 채 그 소란을 하나도 놓치지 않았다. 두 남자 가운데 한 사람이 떠나면서 아이에게 이 새로운 기계가 필요하다고만 간단히 말했다. 이번에도 역시 나는 아무 말도 하지 않았다. 각자 제 역할을 하면 되는 것이다. 나는 더 이상 알려고 들지 않았다. 어쩌면 최악의 경우를 생각해야 할 새로운 이유들을 갖고 싶지 않아서였는지도 모른다.

폐 이식을 받은 소년은 수술을 이겨내지 못했다. 병실 안에서는 호흡을 도와주는 두 대의 기계가 끊임없이 웅웅거리는 소리를 냈다. 벽에 붙여둔 그래프의 곡선들은 계속해서 올라갔다. 이상하게 그걸 봐도 불안하지 않았다. 아들은 점점 더 잠을 많이 잤다. 간호사는 기계들로 인한 통증 때문에 진통제의 양을 늘릴 수밖에 없었다고 설명했다.

아이는 행복해 보였다. 우리는 함께 지냈다.

또다시 교수가 우리를 만나고 싶어 했다. 그는 이해하지 못하고 있었다. 최근 들어 아들은 그토록 힘겹게 얻었던 것을 잃어버렸다. 그들로서는 인공호흡의 강도를 높일 수밖에 없었다. 새로운 기계를 시도해볼 거라고 했다.

우리는 아들 곁으로 돌아왔다. 아이는 자고 있었다. 아이에게서는 차분하고 평온한 느낌이 뿜어져 나왔다.

오후 진료 때 나는 다시 한번 교수에게 말을 걸었다. 기계는 언제 떼나요? 그제야 그는 우리가 이미 산 아래로 다시 내려왔다고 말했다.

어째서 우리는 아무것도 알아차리지 못했을까? 그건 우리가 사태의 흐름을 하나도 이해하지 못했기 때문이다. 모든 게 질서 정연했다. 우리 아들은 키도 자라고 몸무게도 늘고 있었다. 우리는 눈과 눈을 바라보며 살았다. 며칠 동안 기계들의 발레가 격렬해졌다. 나는 용기를 내어 기계 전문가에게 뾰족하게 치솟은 눈금과 곡선들의 의미를 물어보았다. 절대로 물어보지 말았어야 했다. 그때부터 나는 불이 켜진 띠만 쳐다보며 시간을 보냈고, 변화가 있을 때마다 그것을 좋은 신호나 경계해야 할 신호로 해석했다. 하지만 입은 언제나 꾹 다문 채였다.

이틀 뒤, 교수가 우리에게 할 이야기가 있다고 그의 조수가 알려왔다. 그 말을 전하는 그의 태도는 엄숙했다. 우리는 초조함도 불안감도 없이 교수를 기다렸다. 나는 잠든 거나 다름없었다. 본보기가 될 만큼 인간적이고 전문적인 사람들이 내 아들을 간호하고 있다는 걸 나는 알고 있었다. 내겐 그걸로 충분했다.

교수는 폐 수술을 고려해보는 게 어떻겠냐고 우리에게 제안했다. 위험 부담이 큰 수술이었다. 아드님은 이대로 살 수는 있겠지만 평생 호흡기를 달고 병원 산소텐트 속에서 살아야 합니다. 유사한 수술이 사흘 전에 영국에서 있었습니다. 우리는 생각할 시간도 갖지 않고 그 자리에서 딱 잘라 거절했다. 말할 필요조차 없었다.

내가 사태를 이해했어야 했다. 우리는 더 이상 같은 사이클 안에 있지 않았다. 의사들은 더 이상 우리와 같은 음역에 있지 않았다. 더 이상 그들은 아이를 간호하지 않았다. 간호는 계속되었지만 사실상 그들은 기다리고 있었던 것이다.

간호사들이 병실에 오는 횟수도 점차 줄어들었고 기계 점검도 점점 줄어들었다. 이처럼 검진 리듬이 느려진 것에 대해 우리는 주의했어야 했다. 그러나 그러지 못했다. 우리 두 사람은 아이의 몸을 덥히고, 아이의 리듬에 맞춰 아이와 함께 호흡했다. 그것이 우리가 할 일이었다. 너무 자연스러워서 잊어버리게 되는 그 활동, 이 어린아이의 경우처럼 설령 그것이 인공적이고 고통스럽고 요란한 활동이 되었을지라도, 그 호흡에 적극적으로 가담하는 일, 그것으로 우리는 시간을 보냈다. 이 마법의 주술, 함께 있음으로써 아이를 보호하고 운명에 맞선다는 믿음은 여전했다.

그렇게 우리가 며칠을 보냈는지는 이제 더 이상 기억나지 않는다. 다만 아이의 얼굴에는 어떤 불편함의 신호도, 어떤 고통의 흔적도 나타나지 않았다. 아이는 우리를 기다리고 있었다. 매번 그랬다. 아이의 손톱은 자랐다. 간호사 몰래—내게 그럴 권리가 있는지 알지 못했지만 물어보고 싶지 않았다—나는 아이의 손톱을 잘랐다. 아이의 할머니가 소포로 오르골 하나를 보내주어, 우리는 그것을 아이의 머리맡에 있는 탁자에 놓았다.

아기 Infans.

토요일 아침에는 부모들이 조금 더 일찍 와도 되었다. 교수는 아들의 방에 머물렀다. 그는 아이를 오래도록 지켜보았다. 사랑이 담긴, 심지어 존경심마저 어린 눈길이었다. 나는 그가 운명과 싸우는 아이의 태도를 존중한다는 걸 알았다. 저명한 교수가 어린아이에게 존경심을 느낄 수도 있는 것이다. 이상하게도 그는 아이의 맥박을 재지 않았고, 기계의 곡선도 확인하지 않았다. 그는 아이를 껴안았고, 우리더러 자신의 방으로 따라오라고 했다. 그는 우리를 앉힌 뒤 손을 철제 책상 위에 올려놓으라고 했다. 그는 두 손으로 우리의 네 손을 감싸 쥐었다. 그러고는 눈을 들더니 눈물이 글썽한 눈으로 이제 다 끝났다고 말했다.

더러운 유리창에 부딪히는 파리처럼 나는 세상 밖으로 달아나려고 애써본다. 폐의 감옥 속에서는 어두운 그림자가 의기양양하게 저주의 마법을 펼치고 있다.

나는 기계를 멈추게 해줄 수 있는지 교수에게 물었다. 그는 승낙했다. 내 아들이 고통받지 않고 아주 편안하게 잠들 수 있을 거라고 그는 말했다. 약속까지 했다. 우리는 아들의 병실로 들어갔다. 그 순간 복도를 비추던 햇살을, 병동에 흐르던 침묵을, 쉬지 않고 노래하던 새를 여전히 기억한다. 아들은 이미 잠들어 있었다. 우리는 아들의 손을 잡았다. 나는 기도했다. 감미로움과 경건함이 깃든 긴 시간이었다. 영혼이 교감하는 순간이었을까? 교수가 일어서더니 아이의 눈 위로 손을 올렸다. 1시간 뒤 그는 우리를 비밀 문으로 빠져나가게 해주었다.

이틀 뒤 우리는 영구차를 타고 병원으로 아들을 데리러 갔다. 그 이틀의 낮과 밤 동안—하지만 낮도 밤도 없었다—우리는 축제에 휩싸인 도시를 배회했다.

폭죽, 불꽃놀이, 초롱, 대중 무도회. 7월 14일 혁명 기념일의 환희를 배경으로 둔 채, 이제 목표도 목적지도 없어진 우리는 우리를 빨아들이는 물살에서 도무지 헤어나지 못했다.

우리는 병원 문 앞을 서성였고, 더는 우리 집이 아닌 아파트에 들어가고 싶지 않았다. 우리는 고통에 내몰린 떠돌이가 되어 있었다.

끝 뒤에도 언제나 그 이후가 있기에……. 이후를 산다는 건…….

이후를 산다는 건 세월이 가도 달라지는 것 없이, 이별과

부재, 가슴이 찢어지는 상실감을 표현해낼 말이 없어도 말하게 하는, 아이를 향한 사랑의 힘으로 사는 것이다.

이후를 산다는 건 죽음이 버린 공간 속에서 살아가는 것이다. 결코 놓치는 법이 없는 죽음은 우리를 더는 평화 속에 놓아두지 않고, 오늘 저녁에 만나, 라는 인사를 제 방식으로 우리에게 속삭이고, 그 소리는 마치 협박처럼 울린다.

이후를 산다는 건, 불안의 장막이 낮의 빛을 가린 어둠 속을 사는 것이다.

옮긴이의 말

상실 이후

    오, 나의 고통이여, 얌전하라, 잠잠하라.
    네가 그토록 바란 저녁이 내리고 있으니.

  이렇게 시작되는 보들레르의 시 「묵상」은 이 책의 정서를 고스란히 담고 있다. 그렇다. 이 책은 고통을 이야기한다. 아들을 잃은 어머니의 고통이다. 저자가 직접 겪었고, 여전히 겪고 있는 상실의 고통이다.
  저자 로르 아들레르는 서른다섯에 낳은 아들 레미를 아홉 달 만에 잃었다. 그 엄청난 고통의 기억을 가슴 깊이 묻어두었는데, 17년이 지난 어느 날 자동차 사고로 죽을 뻔한 일을 겪고는 그날 밤에 그 기억을 토하듯이 써낸 것이 이 책이다.
  저자는 이 글을 쓴 것이 추억하기 위해서도, 고통을 달래기 위해서도 아니라고 말한다. "예고 없이 덥석 피가 나도록 물지도 모를, 덩치 큰 광견 같은" 고통이 평생의 동반자가 되리라는 걸 그는 잘 알고 있다. 다만 이 "불행에 끌려가는 동안 불행이 우리 모두의 것이라는 확신"이 들어 세상과의 화해를 시도하며, 영원한 상처를 입은 어머니의 심장을 조심스레 열어 보이는 것이다.

불가능한 줄 알았던 임신이 안겨준 행복, 출산 후 아기와 나눈 달콤한 시간, 아이의 갑작스러운 입원, 병원에서 보낸 기약 없는 나날들, 그리고 희망을 내려놓은 마지막 순간까지 생생하게 털어놓는 이 글에는 온갖 감정이 혼재한다. 몰이해와 무력감, 분노와 슬픔, 희망과 절망, 당혹감과 불안감, 두려움과 간절함, 기다림과 초조함, 그리고 고통과 죄책감이 뒤섞이고 맞부딪치고 포개진다.

고통스러운 기억은 질서 정연하게 이어지지 못한 채 뚝뚝 끊겨 파편처럼 기록되고, 짧게 잘린 단락들 사이의 공백에는 자식 잃은 어머니가 차마 쓰지 못한 말들이 가득하다. 들키고 싶지 않은 울음과 슬픔이 말과 말 사이를 채우고 있다. 과장 없이 진솔하고 섬세한 아들레르의 언어는 대단히 문학적이고 시적이라는 평가를 받는다. 그 절제된 언어로 표현된, 혹은 표현되지 못한 상실의 아픔은 절규하는 비명이나 통곡보다 독자의 심장을 더 저릿하게 파고든다.

상실은 치유되지 않는 것이어서 상실을 겪은 삶은 결코 이전으로 돌아가지 못한다. 이후의 삶은, 아무리 많은 시간이 흘러도, 부조리하고 공허할 뿐이다. 롤랑 바르트가 어머니를 잃은 다음 날부터 2년 동안 꼬박 써나간 『애도 일기』에서 "엄마는 떠나고 없는데, 멍청한 삶은 계속된다"라고 공허함을 토로했듯이, 로르 아들레르도 심정을 털어놓는다. "내 아들은 죽었는데, 나는 아직도 살아 있다." 상실을 겪고도 삶은 이어지지만, "이후를 산다는 건, 불안의 장막이 낮의 빛을 가린 어둠 속을 사는 것"이라고 단언한다.

저자가 이 책에 쏟아낸 상실의 고통은 더없이 개인적이면서도 누구라도 공감할 보편적인 고통이기도 하다. 상실 없는 삶은 있을 수 없기 때문이다. 상실은 닥치고, 우리는 그걸 견뎌야 한다. 상실 앞에서 우리는 모두 속수무책이다. 그러니 언제든 상실 이후를 살아야 한다. 상실의 고통은 부인하고 외면한다고 사라지는 것이 아니니, 끌어안는 수밖에 없다. 보들레르처럼 기꺼이 손을 내밀어.

오 나의 고통이여, 내 손을 잡고, 이리로 오라.
(…)
들어보라, 사랑하는 고통이여, 감미로운 밤이 오는 소리를.

2022년 2월
백선희